2018 年在上海市闵行区平南小学挂职（左一为作者）

2016 年校扬帆管乐队获金奖后合影 ◀

2017 年元旦新疆挂职教师与我校师生联谊

2014 年与常州市解放路小学的孩子们一起在橘园

2017 年参加全运会火炬传递归来

名|校|名|师|丛|书

校长挂职日志

张丽萍◎著

XIAOZHANG
GUAZHI RIZHI

光明日报出版社

图书在版编目（CIP）数据

校长挂职日志 / 张丽萍著 . —北京：光明日报出版社，2021. 11
ISBN 978-7-5194-6358-8

Ⅰ. ①校… Ⅱ. ①张… Ⅲ. ①教育研究—文集 Ⅳ. ①G40 – 03

中国版本图书馆 CIP 数据核字（2021）第 217250 号

校长挂职日志
XIAOZHANG GUAZHI RIZHI

著　　者：张丽萍

责任编辑：谢 香　徐 蔚　　　　责任校对：傅泉泽
封面设计：李尘工作室　　　　　　责任印制：曹 净

出版发行：光明日报出版社
地　　址：北京西城区永安路 106 号，100050
电　　话：010-63169890（咨询），010-63131930（邮购）
传　　真：010-63131930
网　　址：http://book.gmw.cn
E – mail：gmrbcbs@gmw.cn
法律顾问：北京兰台律师事务所龚柳方律师

印　　刷：天津画中画印刷有限公司
装　　订：天津画中画印刷有限公司
本书如有破损、缺页、装订错误，请与本社联系调换，电话：010-63131930

开　　本：170mm×240mm　　　　印张：9
字　　数：120 千字
版　　次：2021 年 11 月第 1 版
印　　次：2021 年 11 月第 1 次印刷
书　　号：ISBN 978-7-5194-6358-8

定　价：28. 00 元

序

　　在新冠肺炎疫情发生前的几年里，泰安市教育局多次组织部分骨干校长分别到常州、上海等地挂职学习锻炼，多则两个月，少则一两周，我有幸成为其中一员。能抽出这么长时间，专心观察、学习、思考，对我来说真是难得的机会。

　　从繁杂的学校事务中解脱出来，顿觉轻松了许多。我暗下决心，一定要静下心来，沉下去，珍惜难得的学习机会，学到真本领，尽自己所能做一名优秀的校长。特别是在常州挂职学习的两个月，我感到满眼新鲜，要学的东西太多，每天都像海绵吸水一样。工作日我沉浸在常州的校园里、课堂上，参与市、区、学校的业务活动和学生的一些活动，与校长、教师、学生交流。休息日我便徜徉在常州的街巷里，访名胜古迹、参观博物馆、逛公园、品常州美食、观常州风土人情、寻常州历史足迹。晚上回到住处，简单地吃过晚饭，我便坐下来，泡上一杯茶，把当日的所思所感一一诉于笔端。

　　温故而知新。虽然已过去了几年，今天再翻阅学习随笔，因为是亲身经历，还能触动心灵，甚至有些场景历历在目，感觉非常值得一读，有些内容至今看来还有新意，对我今后的工作还有借鉴和启发意义。所以，我便想把它们整理出来，码在一起，如果能得到您的些许认同，我会备感欣慰。

　　行文是按学习时间的顺序排列的，其中有些关于学校顶层设计方面的内容，原文字借鉴，不便改动。个人水平不高，有些想法，不免肤浅；有些观点，不免偏颇。敬请读者谅解，批评指正。

张丽萍

2021. 9. 19

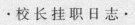

目　录

初感常州的温暖

一、欢迎仪式隆重

2014 年 10 月 28 日上午 9 点，我们泰安市赴常州学习的 30 位校长在市教育局带队领导刘勇主任和张尊国科长的带领下，从明都真儒酒店步行 15 分钟来到了常州高级中学会议室，常州市委教育工委在这里举行了隆重的挂职校长欢迎仪式。会议由常州市委教育工委组织处副处长周炜主持，常州市委教育工委书记陈海军、常州市委教育工委组织处处长杨齐贤分别就常州市经济社会发展情况、教育发展情况做了详细的介绍，并发表了热情洋溢的欢迎词。刘勇主任代表泰安市教育局对常州市的热情接待表示感谢并对 30 位学员的学习生活纪律提出了明确的要求。接下来钟楼区和天宁区教育文体局的领导、我们要挂职的 6 个学校的校长分别讲话并介绍了情况。会议进行了一个多小时，气氛和谐愉快又不失隆重，我们很受感动。

二、校长接待热情

常州市解放路小学始建于 1912 年，是一所百年名校，听说这所名校的掌舵人是一位女校长，她到底会是一个怎样的女子，我的心中充满了期待。今天终于见到了潘晨阳校长，只见她身材不高，穿着大方得体，戴着一副金丝眼镜，脸上漾着浅浅的清晨阳光般的微笑。她还未开口，便有一个词浮上我的心头：温润如玉。欢迎仪式刚结束她就迎了过来，与我们这些挂职的校长一一握手。随后我们边走边谈，几分钟便来到了解放路小学，因为快到午餐时间了，她向我们简要地介绍了一下学校情况，带我们去了舒适的办公室，还配备了一些办公用品。午餐时间到了，她让办公室杜主任带我们就餐，方才离开。

作为一名学习者，受到如此隆重的欢迎和热情接待，心里很是温暖，我相信在接下来的两个月学习时间里天天都会有收获和喜悦。

2014. 10. 28

解放路小学以"解放"的思想走向未来

今天是我们来到解放路小学的第三天，只要你稍一留意就会发现"解放"的文化气息无处不在。墙壁上悬挂着：解放头脑，让我们变得更聪明；解放心灵，让我们变得更阳光；解放双手，让我们变得更能干。丰厚的底蕴、解放的思想、创新的精神，成就了该校"解放——在头脑风暴中我们变得更聪明；在心灵对话中我们变得更阳光"的核心办学理念。无论是与领导、老师的交流，还是学生的言行举止，只要用心观察就会发现"解放"的痕迹。

头脑奥林匹克，全称为 Odyssey of the Mind（简称 OM），是一项培养青少年动手动脑、科技创新等综合素养的国际性品牌德育活动。潘晨阳校长是"解放"理念的忠实践行者，她认为学校只有特色发展兼具品牌效应，才能彰显它的魅力。2007 年，围绕"传承、拓展、整合、创新"八字工作策略，潘校长抓住契机，大胆引进 OM 项目，成立了涉及各个学科的教练团队，组织学生开展训练。2008 年，学校初次参赛就一举拿下中国赛区决赛冠军和世界头脑奥林匹克比赛冠军。"培养动手又动脑的学生"成为 OM 训练营的宗旨，通过精益求精的锻造，学校 OM 团队近年来多次蝉联冠军，它已成为解放路小学响当当的品牌项目，也成了学校的一个特色标志。这就是"解放"的魅力。

光阴荏苒，四时更替，解放路小学从 1912 年青果巷开始，已经走过了一百多年。从学校校史馆可以感受到，一百多年来，解小人从风雨中走来，他们披着历史的风尘，闪着时代的光彩，以"解放"的思想，"创造"的精神，正一步一个脚印一直向前，走向世界，走向未来。

2014. 10. 30

假如我是世界教育部部长

今天有幸观看了江苏省部分青年教师音乐基本功比赛，比赛分四个部分：理论测试、教学设计课件制作、课堂教学展示、专业技能（钢琴、声乐），最后是汇报演出和专家点评。

专家点评、汇报演出、专业技能的水平自不必说，给我印象最深、最让我受启发的是课堂教学展示，五年级上册《爱的旋律》。老师们抽签后，只有半小时的准备时间。我连续听了三位老师上的同一节课，这是一节音乐欣赏课，它是一首三拍子古典吉他曲 ABA 段式，曲子优美舒缓。我和同学们被老师高水平的音乐素养不知不觉带到了音乐世界，陶醉在艺术的境界里，听着三拍子优美的乐曲，跟着老师随着韵律的起伏做着简单而又舒展的动作，如醉如痴，美轮美奂……

　　一天的音乐活动，使我更深地体会到：音乐对陶冶情操、培养性情多么重要。江苏省常州市的孩子们是有福气的，能有这样专业的音乐老师，能享受到这样专业的音乐大餐，令我羡慕。常州市的老师们对课程的区分没有"主课"和"副课"之分，特别是在小学，他们认为所有课程都是"主课"，他们敬畏课堂，对待每一节课都是认真负责的。平时的音乐课也是如此，为了满足孩子们对美的渴望，他们做足了功课，润物细无声地引领孩子们畅游在音乐的世界里，去发现美、欣赏美、感受美、创造美。我们回去以后，对音乐课的要求应向常州学习，注重音乐教师的培养，重视音乐课的研讨和开发。正如美国优秀小学老师雷夫所说的："假如我是世界教育部部长，每天至少抽出一小时来让每个孩子学习音乐。"这只是个假如，但是，我们有信心把每周的两节音乐课上成孩子们最喜欢的课。

2014.11.1

解放路小学的头脑奥林匹克活动

头脑奥林匹克（OM）活动在1976年由美国米克鲁斯教授发起，从1978年开始，每年在美国举行一次世界性的决赛。竞赛集动手、动脑、想象、表演、艺术于一体，旨在开发青少年的创造力，培养青少年的创造精神和团队合作精神。OM竞赛的每支参赛队由7名队员组成，在教练的指导下解题，题目分为长期题、风格题和即兴题三类。现有中国、俄罗斯、美国、英国、德国、日本、加拿大等 20 多个国家参加决赛。上海在 1988 年首先开展了这一活动，每年组织一次中国地区竞赛。目前全国已有 12 个省市开展了活动。

解放路小学从 2007 年开始组队参加 OM 活动，2008 年 6 月 1 日，在美国马里兰大学举行的第 29 届世界头脑奥林匹克决赛中，解放路小学 OM 队获 T 型结构项目冠军。2009 年 2 月，解小 OM 队再获"冲击波"项目中国赛区第一名。

为进一步推动 OM 活动，解放路小学将 OM 设置为校本课程，自己动手编写校本教材，从 2008 年 9 月开始在，一、二年级每个班开设 OM 课，三到五年级举办 OM 俱乐部。OM 教材由教师自编，内容一部分是孩子们感兴趣的折、拼、撕、画、贴、剪等动手题，一部分是表演、模仿、想象等语言类和混合类题目。OM 课由班主任老师上，同时择优选拔 OM 老师，成立 OM 教师营。教师营里从音乐到科学各科教师都有，而且每月进行一到两次 OM 教师营培训活动。

我们挂职学习前不久，解放路小学举行了首届 OM 嘉年华活动，就是要通过让学生参与形式多样、有趣的嘉年华活动，培养学生动手操作和语言表达的能力，培养学生的发散性思维和耐心细心的学习态度，培养学生爱科学、学科学、用科学的兴趣，培养学生爱护环境的好习惯。通过翻阅他们的资料可以看出此次 OM 嘉年华活动的项目很多：有"OM 零距离"赛题解答活动，有 OM 小剧场，有"百人大挑战"活动，有 OM 俱乐部队员承

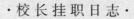

担、动手制作的表演活动，有观看科普教育片的活动，还有
"精巧的双手，创新的大脑"小创造、小发明评比活动。这种高
端的课程虽然在我们小县城没法开设，但至少开阔了我们的
视野。

2014. 11. 2

打开社会实践五彩的课本

今天是解放路小学的综合实践活动，我被分配到四年级（3）班，与两位老师一起带领41名学生参观了中华孝道园并参加了采橘社会实践活动。

上午8点半出发前，班主任老师在班内对学生进行了安全和保护环境的教育，重点强调了到达目的地后要学会用眼睛去观察，用耳朵去聆听，用心去感受，用双手去实践，在活动中要有所收获与成长。

同学们兴奋不已，大约 40 分钟的车程后我们来到了期盼已久的中华孝道园，在导游的引导下依次参观每个景点。

中华孝道园景区，坐落于武进太湖湾旅游度假区，占地 860 亩，面朝太湖，背依蓼莪山脉，位于太湖七湾中最美丽的一湾，是江南一带的"世外桃源"。它以弘扬孝道为主旨，以祭祖文化和观音文化为特色，是一个融寻根祭祖、朝山礼佛、旅游观光和觉悟教育于一体的综合性景点，景区有正法明大殿、石窟观音、妙音宝塔、先祖庙堂、中华孝道博物馆、思恩广场、静心池等景点。同学们在这里游览了近两小时，深刻体会到了中华民族源远流长的孝道文化。

下午 1 点我们又来到位于无锡农村的一个橘园，活动时间为一小时。园主人告诉同学们可以在园子里尽情地吃，尽情地玩，走的时候每人还可带一包。我们来到橘园，看到满园的橘子挂满枝头，一片丰收的美景，同学们像放飞的小鸟，一头扎进橘园，三五成群，摘起了橘子。面对眼前满园的橘子，有的同学不知摘哪个才好，甚至有的干脆捉起迷藏来。刹那间，橘园成了一片欢乐的海洋……眼看返校的时间已到，老师费了好大的劲才把同学们从园子里喊出来。

返校途中，同学们交谈着、回味着，对一天的活动意犹未尽。是啊，社会实践这本五彩的课本，用它那无穷的魅力深深地吸引着每位同学，我仿佛看到了同学们从中汲取的丰富营养。

2014. 11. 3

初识潘校长

这是我们到解放路小学学习的第二周，由于各种原因，还没有正式与潘晨阳校长接洽我们接下来的工作。今天上午刚上班，在组长刘圣印校长的建议下，我们组的五位学员想向潘校长汇报一下我们接下来想学习和了解的一些内容以及一些具体想法。

刚到办公室门口，潘校长就迎了过来，向我们问好，请我们就座。趁她与其他校长交谈的时候，我细细打量了这个令我仰慕的女士：她身材匀称，穿着大方得体，戴着一副金丝眼镜，脸上依然是浅浅的清晨阳光般的微笑，说话温文尔雅，甜美清晰，不喧嚣，不张扬，虽然已经47岁，但皮肤白皙，扎着马尾辫，看起来，也只有40岁的样子，具有江南女子身上特有的气质。她的办公室布置简洁大方，却又不失清新时尚，和潘校长的气质如此协调。

接下来的交谈非常畅快，潘校长向我们详细介绍了学校的近期工作，询问我们的学习、生活是否适应，还有什么需要帮忙的。谈话过程中，她始终微笑着注视我们，还不时谦虚地表示要向我们学习。虽然刚刚接触，却有似曾相识的感觉。相识只是几日，几次浅谈，也算不上多了解潘校长，但是心中有一个感触却越来越强烈：潘校长一定是一位责任心强、业务优秀、管理有艺术、教育有情怀的优秀校长，我一定好好向她学习，她能做到的，我要努力做到。著名教育家陶行知说过："校长是一所学校的灵魂，要想评价一个学校，先要评价他们的校长。"潘晨阳校长以她独有的魅力引领着她的团队，大步向前，在继承和创新之间，续写解放路小学更辉煌的明天……

2014. 11. 4

花儿用美丽装扮世界，
我们用行动美化校园

只要你稍微留意就会发现，解放路小学的校园不仅环境优美，而且窗明几净，不论何时何地你都不会发现垃圾、纸屑，更不会发现乱涂乱画的现象，拥有2500名小学生的校园能做到这样，真是难能可贵，全校师生的环保意识可见一斑。每当我在校园看到"花儿用美丽装扮世界，我们用行动美化校园"的警示牌时，作为一名宁阳县兼职教育督学，就想给我县部分卫生环境意识薄弱的同学提一个倡议，今天有空得以实现。

倡议书

亲爱的同学们：

你想在窗明几净、温馨如家的教室里学习吗？你想在一个绿树成荫、鸟语花香的地方生活吗？你想在一个环境优美、充满生机的校园成才吗？

当我们在绿树成荫的校园中漫步时，一定会感到心旷神怡；当我们在窗明几净的教室中读书时，哪能不全神贯注？当我们在整洁优雅的环境中学习时，定会备感心情舒畅。优美的环境让我们懂得珍惜，学会爱护；优美的环境，让我们知书达礼，更加文明；优美的环境，让我们学习进步，道德高尚；优美的环境，让我们学会谦让，学会做人。在优美的环境中，我们沐浴着阳光，吸取着营养，我们满怀激情，畅想未来。

讲究卫生是一个社会文明程度的重要标志之一，也是衡量一个人道德品质的重要标准之一，讲卫生的人就是有道德的人，不讲卫生的人就是缺乏道德的人。学校是我们学习生活的重要场所。校园卫生的好坏直接影响到老师和同学们的工作、学习和生活，是学校对外形象好坏的直观影响因素。

可是，在我们的校园里，由于一些同学的不良习惯，校园里经常散落着同学们留下的瓜子壳、糖果纸、塑料瓶等；由于一些同学总是在操场上、楼道里吃食物，弄得操场楼道油迹斑斑。诸如此类的行为严重影响了我们学校和师生的形象。

方寸绿地，滋润人心。有人说学校是人类文化沙漠里的绿洲和知识的殿堂，它神圣而圣洁，肩负着知识的代代传承、文化的脉脉相传。因此，维持校园的洁净就是维护大家接受知识的权利。请大家还给校园那一份干净吧。

因此我提出如下倡议：

1. 以爱护校园环境为己任，自觉维护校园的清洁卫生，做好清洁值日工作。

2. 不乱扔垃圾，并提醒乱扔垃圾的同学和家长。

3. 看到地面上有纸屑、果皮、塑料瓶等，主动捡起来，放在垃圾桶里。

4. 不在校园建筑或树木上乱涂乱画。

人人都渴望拥有一个美好的家园，人人都希望生活在人与自然和谐发展的文明环境里。同学们，我们是学校的主人，让我们行动起来，自觉增强保护校园环境的意识，做校园环境卫生的小卫士吧！

张老师

2014. 11. 5

解放路小学的"e学习"

数字化教学在江苏搞得如火如荼，解放路小学也是如此。"e教育"是面向未来的教育，促进中小学教育教学模式和学习方式的转变。"e学习"又叫数字化学习，以网络和信息技术为支撑，以现有教材为基础，积极探索和创新有利于学生自主学习的教材呈现方式，突出多边互动与探究性，在优化课程形态、更新教材呈现方式、变革教育教学方式、创新评价体系、实现数字化管理等方面做出尝试，以适应社会需求，满足学生全面而有个性的发展。

解放路小学基于这种思考，大胆创新，全面启动了"e学习"。昨天上午，解放路小学教育集团"e学习"探究小组成员齐聚本部六楼录播室，进行本学期第二次研究课展示。

第一节课是由居爱君老师执教的音乐课《乒乓变奏曲》，居老师从搜寻生活中的声音入手，一步步带领孩子们走入了乒乓的世界。居老师首次在音乐中使用了交互性很强的网络平台，同时为每位孩子的iPad中创设了"音乐小屋"，让全体学生能使用自己手中的乐器参与到探索、聆听、模拟、演奏的过程中来，增强了学生对熟悉乐器音色、聆听乐曲片段的兴趣。在丰富多彩的活动中，培养了孩子们的自我表现力和团队合作意识，让孩子们深刻体会到了"e课堂"的快乐。

第二节课是由杨奕老师执教的语文课《我和秋天手拉手》。从刚刚进入初秋到深秋来临，杨老师一直鼓励学生走近自然，走进生活，寻找秋天的足迹，并用多样化的形式发表在班级群和e学习平台。课堂伊始，同学们有滋有味地背诵儿歌《秋天到》，杨老师将班级获赞最多的照片做成微视频，一边播放，一边以优美的语言进行描述。接下来，小摄影师们根据iPad相册分组坐在一块儿，在组长的带领下，逐一介绍自己的照片，并商讨为小组相册取名。小组间介绍交流后，组员们围绕所取的名字，每人用一句话，介绍找到的秋天。学生精彩的发言和有序的小组活动，让在场教师赞赏不已。

　　课后，集团"e学习"探究小组成员展开了热烈的研讨，来自各个学校的老师各抒己见，表达自己对于"e学习"以及这两堂课的想法。最后，潘校长提出：在e学习的探索过程中，我们始终要把握理念第一，技术第二；e学习真正的目的是要让课堂转型，让学生学习方式转变，让学习随时发生，让学习效率提高。

2014.11.6

同是消防演练，区别在哪里

今天下午 2 点，解放路小学根据学期工作安排进行了常规的全校消防安全演练，1 至 5 楼的全校师生（师 98 人＋生 1905 人）用了 5 分 50 秒全部有序撤离到安全区域。演练的程序与我们的演练区别并不大。

与我们学校不同的是：

1. 警报声是由消防车发出的真实声响，而我们是用哨声代替警报器。2. 消防车及消防人员在现场，使演练更具严肃性和真实性，我们学校消防演练时却没有两者的参与。3. 消防工作人员对学校的消防设施进行了全面检查，现场打开学校消防栓往消防车上注水，消防设施均完好无损。4. 消防人员进行了现场灭火演示（水枪冲刷了1至2楼玻璃）。5. 消防演练由消防大队主持，校方只是配合。

反思：常州市包括解放路小学的工作不是在做表面文章，不是迎接检查，更不是做给谁看的，它完全出于对工作的责任心，出于为师生生命高度负责的态度，这种务实的工作作风值得我们学习。对于此类工作，我们常常抱怨消防队工作忙、人员少、出车没经费等，试想我们亲自到消防队请过几次专业工作人员？学校的消防栓一年又检查过几次？哪些能用，哪些需要维修？只有防患于未然，只有做到万无一失，师生的生命安全和国家的财产才有保障。

我们必须马上行动！

2014. 11. 7

今天，我们怎样做管理

今天我们有幸参加了解放路小学教育集团的中层管理干部培训会，潘校长邀请了江苏省特级教师、江苏省数学名师，常州市第二实验小学校长王冬娟来做报告。王校长是省内比较知名的教育专家，用潘校长的话说，"王校长厉害得不得了，她是管理专家、科研专家，她是敬业、精业、专业的化身"。她多次受到叶澜教授的指点，备受叶教授青睐，今天能近距离聆听王校长《今天，我们怎样做管理》的报告，机会难得，深感荣幸。

"智者乐水，仁者乐山"，王校长两个半多小时的大容量报告，既有高深的理论功底，又有丰富的实践经验，风趣而生动，她是乐水的智者，更是乐山的仁者。

2005年8月，面对新岗位的挑战，她以一名教育者的责任担当，对学校发展进行了整体策划，实现了新跨越。

一、学校管理：至柔至坚

对待管理，她是那穿石的水滴，至柔至坚。她提出了"常规工作做实、重点工作做精、特色工作做美"的管理要求。"赢在中层"的管理者研训，实现了生成性问题的有效突破和发展性问题的聚焦把脉。20年校庆、开放式校史，实现了学校历史文化的传承与创新。"新基础教育"研究从"成型"到"扎根"，她50余次往返于常州和上海，实现了从"全实深"到"精特美"的跨越。

二、教育科研：至深至远

对待研究，她是那智慧的源泉，至深至远。她坚守课改一线，首创"走进异域""跨层组合""双循环"教研机制；整体策划七彩童年系列活动，创新"新竹服务公司"活动项目，推出"新晨会"；她以省小数会副秘书长、市小数会理事长和"市名教师工作室"优秀领衔人等多元角色，引领着课改不断深化。她先后应邀到上海、南京、淮阴、四川等地做专题报告 50 多次，出版的 5 本专著和几十篇论文辐射省内外。

三、赢在中层：至小至细

管理就是在特定的环境下，管理者为了实现一定的目标，对其所能支配的各种资源进行有效的计划、配置、运作，有了自己的教育理想和角色期待，才有可能找到前进的目标和方向，才会有自己的立场，才会有自己的创造，才有可能将自己的理想转化为现实的管理实践，并在岗位历练中成就一个精神独立、专业自主、不断超越的"新我"。

王冬娟校长提倡每一位中层要严格要求自己，年级组长要做"一个校长"、教研组长要做"一个专家"。"管理者把事情做正确，领导者做正确的事情"，于是提倡每一位中层要严格理解"管理者"和"领导者"的区分。让自己在提升的过程中磨炼领导力，成为学校大脑中不可或缺的一部分。各位中层应在成事中成人，在成人中做事。上班比别人早一点、上课比别人好一点、工作比别人勤一点、思考比别人广一点……每天一个小小的追问都是在成事、成人。

对于王校长，叶澜教授深情寄语：十年风雨路，革故鼎新途；满腔教育情，甘为孺子付。常州市第二实验小学能成就王冬娟这样的专家型校长、名师，靠的就是坚韧的工作态度、严谨的

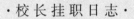

治学方法、至善至美的教育情怀和上善若水、厚德载物的大爱精神。

　　与名师对话，与智慧相约，凝力共进。

2014. 11. 8

国旗下的讲话

——应解放路小学潘校长邀请，挂职第三周周一在国旗下的讲话

尊敬的各位老师、亲爱的同学们：

早上好！

非常高兴能和大家一起参加升旗仪式，刚才齐老师已经给大家做了介绍，我们五位老师来自山东泰安。泰安是五岳之首泰山的所在地，位于山东省中部，北依山东省会济南，南临儒家文化创始人孔子故里曲阜，东连陶瓷之都淄博，西濒黄河，总面积7762平方千米，人口552万。

　　泰安寓意"国泰民安",是一座著名的文化旅游城市,境内的泰山是国家级重点风景名胜区,海拔1545米,有"五岳之首""天下第一山"的美誉,是中国第一个世界自然和文化双遗产风景区。

　　来到常州,来到我们解放路小学已经两周的时间了。虽然时间不长,但是我们已经深深感受到了常州这座城市的美丽与繁华,感受到了常州人的热情与文明。常州是吴文化的发源地之一,历史悠久,风景秀丽,人杰地灵,享有"天下名士有部落,东南无与常匹俦"的盛誉。我们解放路小学更是一所底蕴深厚、活力四射、特色鲜明的百年老校。我们学校的"解放文化""第四只苹果"德育品牌活动、"阳光星期五"选修课程、头脑奥林匹克活动等铸就了学校的品牌。我们的老师爱岗敬业、治学严谨、博爱无私,我们的同学天真活泼、聪明伶俐、文明守纪,这里的一切都给我们留下了深刻的印象。我们会把在解放路小学到的先进理念和做法带回泰安,让解放路小学幸福教育的阳光惠及泰安的孩子们。

　　我还记得第一次和潘校长见面的时候,潘校长热情地对我们说:常州常州,常来走走。今天我们五位也诚挚邀请我们解放路小学的老师和同学们去泰安做客,登泰山,保平安,祝福我们解放路小学的老师和同学们健康平安、全家幸福,祝愿百年解放路小学继往开来,再创辉煌。

　　谢谢大家!

2014. 11. 11

别样的全体教工会

上周五下午放学后，我们参加了解放路小学举行的教育集团全体教职工会议，会议由解放路小学和香梅分校的两个部门主任分别主持并讲话。会议内容共三部分：一是美文欣赏，二是学习各校区 9 月、10 月的绿色简报，三是下阶段工作的友情提示。这些内容都图文并茂，课件做得很精美，给人以美的享受。

美文的选取集教育性与人文性为一

体，加之两位主任深情朗读，使每位教职工在欣赏美文的同时，不但受到了美的熏陶，还得到了启迪和教育。

　　绿色简报学习，相当于近期工作总结，两位主任总结得全面、到位，与会者可以感受到近期学校的工作之多、亮点之多、成绩之多。成绩比较突出的表扬到人到事，被表扬的老师们在这一刻仿佛所有的疲劳都驱散了，又好似站在了新起点上。

　　下阶段工作的友情提示，包括前段工作中存在的不足和下阶段的工作安排，听起来非常容易让人接受。

　　一个多小时的会议，没有一句批评和怨言，氛围温馨和谐。通过参加这次全体教工会，我深深地体会到解放路小学的管理文化，她是那么和谐、文明，以人为本，润物细无声。

2014. 11. 12

印象常州

常州历史悠久，人文荟萃，是一座历史文化古城，有文字记载的历史有2500多年，它地处长江中下游，南濒太湖、北靠长江，与上海、南京两大城市等距相望，与苏州、无锡联袂成片，构成以经济发达而著称的"苏锡常"地区，是长江下游金三角地区重要的中心城市之一。说到它历史悠久，常州人有"明清看北京，隋唐看西安，春秋看淹城（距常州市10

千米）"的说法；说它人文荟萃，人杰地灵，出了 59 位共和国的院士，哪个地级市能与之媲美？

来到常州 17 天了，时间虽然不长，但是我们已经深深地感受到了这座城市的美丽与繁荣，感受到了常州人的热情与文明。无论你走在哪条大街小巷，都会看到图文并茂的文明公益宣传语，如做谦恭有礼的常州人；但行好事，莫问前程；莫道行路难，礼让路自宽；老吾老以及人之老，幼吾幼以己人之幼；勤劳人，吉祥多；让道与人，安全与己；至善至美至上，和谐和睦和畅。社会主义核心价值观更是随处可见，每个十字路口都有戴红袖章的文明志愿者。道德大讲堂里，天天高朋满座，各行各业英模人物的事迹通过演讲者的口述，潜移默化地影响着周围的人们。看校园，规划科学、建筑美观、设施设备先进，校园文化创建新颖、大气、主题鲜明、内涵丰厚；看教师，治学严谨、儒雅沉稳、敬业爱岗、爱生如子；看学生，文明尚礼、朝气蓬勃、健康阳光。

这就是这座城市留给我的初步印象，一个物质和精神高度文明的城市，一个处处传递正能量的城市。

2014. 11. 13

教育是一种生命关怀

——听李伟平校长报告有感

本周的学习活动很丰富，但我们小组感觉印象最深刻的还是局前街小学李伟平校长的报告，听后使我们醍醐灌顶，备受启发和鼓舞。

李校长是国家级中小学骨干教师培养对象，江苏省首批人民教育家培养对象，江苏省小学语文特级教师，江苏省"333高层次人才培养工程"第二批中青年科学技术带头人，常州市"831"新世纪学术技术带头人培养对象，常州市小学语文教学研究会会长，常州市首批名教师工作室优秀领衔人。他主持江苏省省级立项课题三个：《让学生充分享受愉快的童年生活》《让学生和教师有足够的时空去选择和创新》《对小学生实施感激教育的研究》，研究成果均获得市一等奖。有100多篇教育教学论文发表或获奖，并先后主编了《"生命关怀"教育理念下学校教育的探索》等8本专著。受邀参加省教育厅组织的中加教育论坛、国际校长论坛以及百年名校教育论坛，受到广泛好评。2003年8月起任常州市局前街小学校长至今。

教天地人事，育生命自觉。李校长在学校新一轮的发展中，秉持"生命关怀"的教育理念，确立了学校工作的教师立场和儿童立场，让教师真切地享受教师职业内在的尊严与幸福，让学生充分享受童年的天真与快乐。

李校长深知，华师大对于学校和教师的发展都有不同寻常的作用。为了能参加叶澜教授主持的国家级课题"新基础教育"研究，执着的李校长开始了一次次的沟通努力。为让叶老师不断了解局前街小学，争取专家组的支持，几年来，李伟平成了奔波于上海、常州之间的常客。两年之后，被感动的叶澜教授郑重宣布：局前街小学成为"新基础教育"研究基地学校！五年来，他用执着追求和勤恳实践，赢得了学校的发展、教师发展和学生成长！在他的努力下，2006年，苏南五所名校成立联盟，这既是江苏教育的一大创举，更是打造苏南教育品牌的重要尝试。这

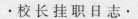
一年，他被常州市政府记二等功。

李伟平是一位有思想、有智慧、善学习的校长，他守望杏坛，殚精竭虑，他带领团队一起去传承，一起去挑战，一起去创造！他是一位既不随波逐流也不甘于平庸的江苏省特级教师，在这个机遇与挑战并存的时代，引领局前街小学这所百年名校在传统与现代的对接中焕发出盎然生机，成为常州市教育局"三年主动发展"示范学校、江苏省文明单位、首批江苏省文明学校、国家级重点课题"新基础教育"研究基地学校，在平凡中演绎着伟岸，在奋进中续写着辉煌。

他为师生发展，矢志不渝，为了让每一个教师获得发展机会，享受职业内在的尊严，从2004年起，他策划局前街小学名教师教育教学思想研讨会。他清晰地认识到：局前街小学是一所百年名校，名特优教师和中老年教师是这所学校特有的精神财富。2005年春，学校召开了学校中老年教师教育教学思想研讨会。李校长特地组织青年教师写中老年教师的故事，编印《中老年教师教育教学故事专辑》，组织"中老年教师课堂教学展示"和"互动现场研讨"。活动中老年教师美丽依旧绽放，芬芳迷人，青年教师在采写与聆听的过程中又受到了全身心的熏陶，促进了青年教师的成长。

常听到一些家长反映，孩子们感受着家人的关心和呵护，却认为这是理所应当的。这个现象引起了李伟平的深思：面对关爱，孩子缺乏感激之情，缺乏感恩之心。从2004年起，他带领局前街小学人尝试实施"感激教育"。他积极引导学生感激生命，学会珍爱；感激他人，学会关心；感激环境，学会保护；感激机遇，学会把握……一系列活动的开展，让孩子们的心灵受到了震撼。2005年，学校设立首届感激节，从此，"感激教育"成为局前街小学一门独特的校本课程，"感激教育"让家长、老师、学生共同获得了精神的成长。

"任尔东西南北风，咬定青山不放松。"李校长在新课改航程中，把自己对教育理想的坚守转化为动力，通过躬身实践将可能性变成了令人振奋的现实。他的执着守望和大胆探索，在平凡中铸就伟岸，为局前街小学赢得了新发展，他成为局前街小学师生的思想领袖，更为新时期的百年老校竖起了精神标杆。同样作为小学校长的我们，在校园里注重"教"的成分较多，而对"育"的关注不足，对师生生命的关怀也远远不够，我们在思考的同时，更多的应是践行。

2014. 11. 14

"全课程教学"在解放路小学

昨天下午，天宁区教育局在解放路小学举行了全课程教学阶段性研讨会。会议开始解放路小学教育集团香梅校区的老师先举行了半日观摩活动，即一年级的拼音复习课和相关内容的美术课。然后全区6个实验学校分别做了10分钟的实验汇报。最后区教育局教师发展中心的科研人员和分管副局长分别对上课教师和实验学校进行了点评。会议历时3小时，上课教师备课充分认真，驾驭课堂的能力游刃有余，课堂气氛活跃，学生参与积极，教学效果良好；各实验学校的 10 分钟汇报精彩纷呈，各有侧重；教育局领导的点评独具匠心，儒雅风趣，既有高水平的理论指导，又有合理化的建议，学术素养令人敬佩。

我们边听边学，初步了解了全课程教学的内涵。全课程教学就是要把中小学教育教学的每项活动都视为课程，并且进行教学整合，对待任何课程都像应试学科课程那样，依据国家颁布的课程标准去传授知识、开发智力、培养能力，目标是培养德、智、体、美、劳全面发展并且具有极强"生存"能力的学生。全课程教学就是素养教育，每个人素养的核心是智慧，所以，全课程教育的目标就是培养有智慧的学生。所谓智慧，简约地说就是智力商数、情感商数、理财商数和方法商数的习得在一个人身上的和谐体现，也就是有知识、有文化、有计划、有方法在一个人身上的综合表现。

全课程教学已经在解放路小学生根发芽，我们祝福解放路小学的全课程教学，在市教育局的专业指导和实验老师的共同努力下开出更加绚丽的花朵。

2014. 11. 15

一节语文优质课对我的启发

我们应刘孜隽副校长的邀请，在香梅校区参加了解放路小学教育集团草根研究团队教研活动，观摩了张羽老师执教的三年级语文上册《九月九日忆山东兄弟》这一课。

一开始，老师就"每逢佳节倍思亲"这个名句向学生提问，"逢"是什么意思，"倍"是什么意思，通过讨论和老师的点拨让学生们弄懂后，教师接着展示出整首诗篇。经过提问、讲解等环节使同学们了解重阳节有登高、吃重阳糕、赏菊、饮菊花酒等习俗。张老师首先利用多媒体引导学生读准生字、读通课文。在生字词学习的过程中识字教学方式多样，设计巧妙而细致。通过演一演、换一换等方法，使学生们对原本枯燥的生字学习充满了兴趣。这堂课的朗读也呈现了多样的形式，男女生对比读、开火车读、指名读，让孩子们与文本充分接触，体会这首诗的情感和诗的意境。临近结尾的知识拓展更让我佩服，张老师不但讲了作者的生平（王维不但是诗人，还是著名的画家，15 岁离家赴长安求学……）和有关的诗篇，还利用地图帮助学生理解诗意。整节课没有过多的赘述，短短 40 分钟，学生不但掌握了字词、理解了诗意，还深切体会到了王维诗的特点。

2014. 11. 16

一支最美的管理团队

解放路小学的管理团队由五个部组成：学校规划部、学生发展部、教师发展部、课程研发部、后勤保障部。各部的负责人都由校长和副校长兼任。虽然她们身兼数职，工作千头万绪，却忙而不乱、有条有理，总是那么自信、阳光、精神饱满，丝毫看不出有任何倦怠和疲惫。她们的倩影仿佛一道亮丽的风景，给学校增添了无穷生机，她们是学校的精神领袖。

就拿教师发展部来说，祁代来副校长不仅主持教师发展工作，她还是香梅校区的执行校长、英语学科主任、英语组推进人，分管美术学科，最重要的还是两个班的英语老师。她每天的工作都排得满满的，不是埋头伏案，就是上课、教学辅导、业务检查、课题研讨，她步履匆匆而又轻盈，感觉有使不完的劲。其他几位副校长也是如此，工作状态良好，中层干部都是满工作量，有的还是班主任。虽然8点10分才上课，但多数管理者早上7点就来到学校，开始一天的工作。虽然4点半就下班了，但是没有一个教师按时回家，她们总是把当天的工作检查再检查，直到满意为止，有的工作到6点，有的晚上需要接着加班。通过与老师交谈得知，她们从不考勤，从不签到签离，加班加点完全出于自愿，这已是常态。当我们问她们累不累时，她们笑着说：只有把当下的工作处理好了，我们才会开心，一开心所有疲劳都没了，我们都是这样，已经习惯了。

她们虽然忙碌但不失时尚，她们工作严谨但不失幽默与风情，这支团队的忘我精神、自律意识和精益求精的工作作风不但影响着整个教师队伍，也深深地触动着我们。我们也明白了为什么这所百年老校脚跟能站得这么稳，路能走得这么远，这就是解放路小学精神。解放路小学管理团队带领着解放路小学人用行动诠释了恺乐、人范、解放、创新的发展历程。

2014.11.17

一场高屋建瓴的报告

今天下午在江苏省常州高级中学，聆听了教育部基础教育课程教材发展中心刘月霞副主任关于课程改革的主题报告。

刘副主任在报告中强调：作为一名教师，应该准确把握自身学科的核心素养，为学生提供养成个人终身发展和社会发展需要的必备品格和关键能力的机会。要不断完善我们的教学手段、教学内容和教学方法，促进教育发展水平不断提升。教育教学活动中要更加注重学生自主学习的内在动力，保护学生的好奇心和求知欲，激发学生的兴趣、热情，关注学生的潜能培养。要更加重视对教学改革价值的追求，要超越对单纯的教学形式的追求，要研究原有教学中存在的问题，要超越单纯的知识教学，走向一种思维方式和能力的教学，要追求形式上的改革与实质内容改革的结合，落实好教学改革的价值目标和追求。要关注学生学习兴趣的激发、求知欲望的保护、学习动机的形成，要关注学生能力的发展、综合素质的培养，让学生有自主学习的欲望、主动学习的欲望。她还说，如果我们一味地让学生自主学习，忽略了老师的主导作用的话，那我们教学的有效性是得不到落实的。她要求教师要大力推进以校为本的教学研究制度，关注教研文化的形成，学校要有研究教学问题的基本文化和制度，关注教研模式的形成。比如说，教师自我反思、同伴互助、专家引领，这是校本教研的一种基本模式。但是这样的一种基本模式形成之后，我们必须关注所研究的实际内容和主题应该是什么，活动是否紧紧围绕改革的核心目标和内容来设计、落实和推进。

刘副主任思维敏锐，侃侃而谈，她对基础教育课程改革十五年来的经验、推进的效果，以及面临的问题和挑战做了较为全面的总结。她对我国新课程改革的发展动态具有理性的思考、专业的见解及丰富的经验，对我国基础教育未来的走向给予了前瞻性的分析，并对下一步如何深化基础教育课程改革，如何落实立德树人根本任务，如何让社会主义核心价值观、以法治国的理念进校园、进课堂、进头脑进行了深刻的分析和深度思考。

报告学术水平高、专业性强，使我们受益匪浅，对我们今后的课程工作具有很强的指导意义。我们信心百倍，决心在课程改革的花园里，用全部的热情和昂扬的激情去播种和耕耘，用博爱和智慧去呵护每棵幼苗的成长。

2014. 11. 18

教育集团化，推动均衡发展

昨天在江苏省常州高级中学聆听了常州市教育局局长丁伟明在市基础教育课程基地建设共同体成立大会上的讲话，丁局长谈起课程建设、师资培训、学生学习兴趣的培养时更像是一位学者、一位教育专家，而不仅仅是一位行政官员。特别是常州"教育集团化，推动均衡发展"策略的有效落实和高效运转，得到了与会者的高度评价。丁局长认为推动教育均衡要使每一位教师有高水平的学术素养和人格魅力，要把每一所学校办好，让每个孩子都能接受好的教育，让家门口的每所学校都精彩。

以前推动教育均衡发展，比较多的做法是"摊大饼"，即做大一所学校，从而放大优质资源，但是从实际情况看，效果有限。随着"教育公平"逐渐成为常州教育发展的关键词，他们思考的不是办好一所或几所学校，而是如何办好每一所学校，让每个孩子都能接受好的教育，让家门口的学校都精彩。办好每一所学校，关键在于教育资源的合理分配。这几年，随着教育投入的不断增加，常州各个学校的硬件设施都上去了，不同学校之间的差距在缩小，但是比较师资、教育理念、校园管理等软件水平，强弱差距明显，急需优质资源突破"围墙"，与薄弱学校充分对接。从"硬件促均衡"向"软件促均衡"提升，集团化办学提供了一个突破口，通过优质学校带动薄弱学校的发展，促进了区域内学校教育质量、管理水平的整体提升。

集团化办学的本质是一种合作办学模式，目的是促进教育均衡发展。教育集团是通过行政主导，将特定学区范围内多个学校，以共同的教育理念为纽带，整合而成的办学共同体。集团以名校为龙头，发挥名校在教育思想、学校管理、教育教学教研、优质师资培养等方面的辐射、示范功能，引领集团内所有学校的共同发展。

打破流动藩篱，优化配置教育资源。集团化办学之所以能够推动教育均衡发展，是因为它拥有优化配置教育资源的优势，不过，教育集团要想真正成为资源配置主体，必须彻底打破阻碍资源流动的"藩篱"，在集团内部形成资源共享、管理一体、培训统一的开放格局。其中，以师资共享最为关键。只有实行师资统一培训、统一调配、统一使用，落实集团内教师交流制度，教育集团才能成为"名校孵化器"。

一旦做到这一点，效果也是显而易见的。比如，解放路小学教育集团，校本部与香梅校区的师资与管理人员，每年都流动，学生就近入学，家长不再舍近求远去择校。再如，戚墅堰区位于常州的东大门，一直以来该地区很多家长选择送孩子到常州主城区择校。自从 2008 年戚墅堰实验中学签约加入省常中教育集团以来，这种状况逐渐得到缓解。该校与集团内的常州外国语学校和江苏省常州中学分别举办了初、高中合作班。合作班主要科目教师由常外和省常中派出教师担任，课程教学与常外、省常中同步化。3 年下来，合作班在戚墅堰区取得了良好效果，当地群众纷纷称赞"将名校送到了家门口"。

科学的制度设计，可以保障优质教育资源不会在合作办学中被稀释。就拿常州觅渡桥小学来说，原是常州市区规模最大的小学，成立教育集团后，规模人数扩大，管理难度陡然增大。经过探索，集团引进了高效的现代企业制度，以觅渡校区为核心，设立了人力资源部、学生发展部、课程教学部、信息资源部、行政服务部等机构，分别负责规划学校年度工作和工作标准，其他校

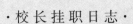

区只设一位执行校长和两名校办主任，负责本校区各项工作，减少管理层级，大大提升了集团运转效率。

现在整个常州市的各名校都成立了自己的教育集团，已经没有了薄弱学校，各集团的运转和发展都很好，真正实现了区域教育均衡发展，常州教育的明天会更加美好。

2014. 11. 20

"八礼四仪"促文明　引领道德新时尚

从来到常州那天起，就看到大街小巷和校园里张贴着关注未成年的"八礼四仪"宣传版面或绘本，无论问及哪个学生都能把内容说得一清二楚。通过了解得知，从2014年年初，江苏省为在未成年人中培育和践行社会主义核心价值观，小学生记住爸爸妈妈的生日并表示祝福；要求初中生懂得在重阳节问候家中老人，参加敬老活动；要求高中生观赏高雅艺术演出时着正装等。并出台了《江苏省未成年人基本文明礼仪规范（试行）》，主要内容就是"八礼四仪"。

"八礼"为仪表之礼、餐饮之礼、言谈之礼、待人之礼、行走之礼、观赏之礼、游览之礼、仪式之礼。"四仪"主要是在学生7岁、10岁、14岁、18岁时，学校要为其组织入学仪式、成长仪式、青春仪式、成人仪式。其中每一项还有具体的内容，既上口好记，又容易理解，孩子们做起来简单易行。

"八礼四仪"教育蕴含的是"爱、善、诚、勤、俭、善"等理念和价值取向，能更好地促进未成年人良好品格和行为习惯的养成，把学校营造成未成年人学礼、懂礼、守礼、践礼的实践基地，培养学生从小做一个有文明、有道德之人。江苏省将"八礼四仪"纳入基础教育，弥补了少儿礼仪缺失。

传统礼仪是中国灿烂文明的一部分，长期以来，由于独生子女娇生惯养和物质条件的优越，部分家长教育意识淡薄，有的学生也不知道该年龄段应该掌握的文明礼仪要求。小学里有关文明礼仪方面的内容往往散落在各类德育教材之中，缺少规范化与系统性，很难与现代社会需求的礼仪相辅相成，致使出现了"头痛医头，脚痛医脚"的尴尬局面。把文明礼仪纳入基础教育，可以从根本上弥补这种缺失。针对此种情况，江苏省重磅推出文明礼仪教育专门课程，即涵盖学生行为习惯方方面面的"八礼四仪"，以此教育引导未成年人强化文明礼仪素养，着实成为学生成长过程中不可或缺的"精神大餐"。在孩子不同的成长阶段，依据不同的年龄特点，举行有特色的仪式，无疑打开了一扇扇别开生面的"文明之窗"。

"八礼四仪"，传递着道德成长的正能量，折射着礼仪文明的新光芒。由此可以看出，江苏人民不但有敏锐的政治觉悟、灵活的思维方式，而且会做结合文章，把社会主义核心价值观的理念口语化、具体化、实践化、实质化，而不是口号化，在新时期青少年道德品质培养方面走在了全国的前面，也给我们树立了榜样，值得我们深思和学习。现在江苏省的孩子们在老师的正确引导下，正在用自己的行动践行着社会主义核心价值观，愿这份文明之光照耀更多稚嫩的心扉，让中华民族的传统礼仪发扬光大，代代传承。

2014.11.21

领略常州风情的八个符号

我们来到常州已经4周了，利用周末和闲暇时间游览了一些地方，时间越久，越感觉这座城市有很多意想不到的精彩：她时而跳脱，时而清幽，时而古典，时而潮流，时而喧嚣，时而安逸，越走近便越灵动。

符号一：春秋淹城。明清看北京，汉唐看西安，春秋看淹城。常州淹城建于春秋时期，是国内目前保存最完整、形制最独特的春秋地面城池遗址。整座城池从里向外由三城三河相套而成，是现今城池遗存中独一无二的建筑形制，目前已被国家文物局列入申报世界文化遗产预备名录。

符号二：水乡如梦。古老的京杭大运河从常州穿越而过，河畔的枕水人家生活安宁而美好，天目湖、太湖湾、西太湖，湖水清澈秀美，江南的温润透着岁月静好的美妙。

符号三：江南文眼。常州与苏州、杭州、北京并列历代出文人学者最多的四个城市。这是一座底蕴深厚的历史人文古城，自古人杰地灵，诚信尚德，文风鼎盛，名家辈出，素有"千载读书地""文人甲天下""文献之邦"以及"诗国"的美誉。从隋唐开科取士到清末，常州共出过 9 名状元、1546 名进士，新中国成立后，常州籍的中国科学院和中国工程院院士就有 60 多名。

符号四：第一佛塔。天宁禅寺是常州现存规模最大、保存最完整的千年古刹，寺中有中华第一佛塔，为佛缘世界增添了新的光彩。

符号五：常州三宝。所谓常州三宝，是指三个具有常州文化底蕴和特色的手工艺品：梳篦、乱针绣、留青竹刻。常州梳篦曾为宫廷御用品，如同苏州的盆景、景德镇的瓷器，自古就有"扬州胭脂苏州花，常州梳篦第一家"之说。

符号六：无中生有。在这里没有出过恐龙化石，却有享誉中外的中华恐龙园。

符号七：北京时间。最标准的北京时间在常州，常州是东经

120 度经线穿越城区的唯一的中国城市，常州将打造全球最高观光塔——迪诺东经 120 塔，为"北京时间"树立最精确的地理坐标。

符号八：美食圣地。这里的美食无处不在，她诱惑着你尝鲜的味蕾。特别提醒你，来到常州，天目湖的砂锅炖鱼头千万不要错过。

在游览山水的同时，可以拥有很多的感悟，常州人像这座古老的城市一样秀美、宁静、崇文尚德，会思考，常州的教育者更是聪明、善思、悟性高、博学、有智慧，他们可以抓住任何一个契机把有利于教育的文章做大做强，做善做美，这就是这座城市独有的个性和品格。

2014.11.22

独览博物馆

　　每到一座城市，要了解她的历史和文化，必须要参观她的博物馆。今天室友和同学都有事要忙，我自己乘车参观了常州博物馆新馆。乘坐 33 路公交车十几分钟就到了，下车后我首先在奥体中心、会展中心和大剧院的周围游览了一番，接着又绕着市民广场逛了一圈，最后参观了博物馆。

　　常州博物馆地处市民广场西侧，于

2006 年 12 月落成，2007 年 4 月 28 日正式向社会开放，是集收藏、研究、陈列展览于一体的综合性博物馆。

我从东大门进入，看到博物馆门前是很宽阔的浅层水面，远看博物馆就像建在了水上，灵动、灵气，使人产生很多灵感。整个建筑规划科学、新颖美观，既有传承又有创新，既有古典又有时尚，充满现代与科技的气息，让人耳目一新。我从 1 楼到 4 楼，用时 70 分钟对常州的风土人情、政治、经济、文化和历史变迁有了初步了解。馆内设施先进、功能齐全，还有许多互动和体验的设施，我在"绿色出行"前足足地体验了一回。里面的展品丰富、珍贵，层次鲜明，充分彰显了常州深厚的文化底蕴和一代代常州人的奋斗历程。身在其中，仿佛穿越了常州 2000 多年的时空，然后又回到了今天的常州。

一般情况下博物馆都是免费的，周末和假期来参观的人特别多，可能以后要预约。今天我们这些慕名而来的游客是最大的受益者，因为是周末，来参观的孩子也不少，他们定会和我们一样在这里学到许多课本上没有的东西，满载收获和喜悦回家。

2014. 11. 23

数字化学习的时代已经到来

在信息化发展的今天，大数据带给我们全方位的冲击，"数据""分析""资源""一对一"等观念改变着我们的思维方式，把人性化的学习方式、个性化的学习方式推到了教学前沿。

在常州一个月的学习时间里，通过听报告、参观学校和听课，我发现数字化学习已经进入了这里的每所学校。据市教育局的领导介绍，数字化学习搞得最好的是常州市北环路小学。我们有幸到北环路小学观摩了两节数字化教学公开课，感受了数字化课堂的魅力。

北环路小学从 2012 年开始，以"更新教师理念""改进教师行为""推进课程改革"为立足点，以一批懂技术、善钻研的教师为核心，自主开发了"天禾"数字化学习平台，走上了信息技术与教育教学深度融合的数字化学习探究之路，初步形成以学生为主体、融现场学习与网络学习于一体的特色。

数字终端走进了北环路小学的教室。课堂上，学生人手一台平板电脑。这个电子终端既是学生的课本，也是学生的作业本；既是学生的认知工具，更是学生的交流工具。课堂上气氛轻松活跃，学生思维积极，教师随时解难答疑，充分凸显了学生的主体地位，为学生自主学习提供了更多的时间和空间、机会和权利，真正促进了个性的发展，提高了学习效率。同时，也可以看到，数字化学习的开放性满足了探究性学习的需求，学生在相互的碰撞中培养了问题意识，从而带着问题去探究，真正培养了学生的探究创新能力。

据校长讲，目前学校添置了更多的平板电脑进教室，改变了原来上课才发给学生使用的做法，只要学生课后有查询需要就可以拿来使用，每个班都配有班级服务器，每台电脑都可以上外网，有利于学生随时随地上网学习，当然，所有电脑都配有行为管理系统，学校将对学生的上网记录进行监控。学校从课前、课中到课后，全面开展了数字化的实践研究，学研评一体，并不断创新教学模式。他们的做法值得我们学习和借鉴。

2014. 11. 26

如果，我做班主任

在小学阶段，班主任工作是一个非常重要的环节，学校的文化教育、思想品德工作以及课外活动、社会实践、家长工作等都离不开班主任。今天，学习了解放路小学的班主任工作考核方案后，我很有感触。方案不但详细、具体、可操作性强，而且科学又符合学校实际。真想回到从前，再来很好地体验一下班主任工作。如果有机会，我想这样来做班主任工作：

一、狠抓常规，养成良好的行为习惯

良好班风和学风的形成，与班主任的悉心培养密不可分。班级是学生参加学习活动的主要阵地。学习生活常规管理得好，可以培养优良的学风，促进学习质量的提高。所以，从学生的站姿和坐姿开始，从点点滴滴的小事入手对学生加以规范，让学生时时刻刻以《小学生日常行为规范》来严格要求自己。

老师的一言一行，直接影响着孩子的行为。我将以自己规范的言行举止，潜移默化地感染和引导学生，使学生逐步养成良好的行为习惯。

二、建立良好的师生关系

热爱学生，是做好班主任工作的基础，也是班主任教育好学生的前提。班主任只有关心爱护学生，才能赢得学生的爱戴和尊敬，才能使学生乐于接受老师的批评教育，才能使学生"亲其师"而"信其道"。

所以，生活上关心爱护每一名学生，多与他们交流；学习上关注每一位学生的进步，对他们一视同仁。陶行知先生说："爱是教育的润滑剂，教师有了爱，学校成了乐园，师生成了朋友，教育就能取得最佳效果。"作为班主任，不仅要爱优等生，更要爱"问题生"，把爱洒向每个孩子。

三、培养学生的集体荣誉感

培养集体荣誉感就是培养学生的凝聚力、向心力，让学生以集体的光荣为荣耀，并有维护集体荣誉的思想观念。集体荣誉感它能给人以团结、自信、自尊，给人以前进的力量。所以，学校的各种活动，如运动会、集会、出操、卫生打扫、放学路队、社会实践、各种比赛等都不要错过教育机会，激励学生爱国先从爱班级开始。

四、做好家访工作，多与家长沟通

班主任是学校、家庭和社会的纽带，是联结三方面教育的核心。家庭教育是学校教育的补充，家长是班主任的得力助手。班主任与学生家长的根本利益和愿望是一致的，都是为了把学生培养好，使其成人成才。班主任必须充分利用家庭教育的有利因素，避免或克服不利因素的影响，积极主动与家长沟通、对话、家访，争取和依靠家长配合学校的教育教学工作，使学校教育和家庭教育深度融合。

五、做好"问题生"的转化工作

工作28年来，我教过的每个班几乎都有学习差、性格孤僻、多动、具有攻击性的学生，统称为"问题生"。这些学生虽然不多，但对班风学风的影响很大。好学生谁都会教，但要转化一个问题生并非易事。他们因各方面原因而不受同学和老师喜欢，往往会产生自卑的心理，或自暴自弃。这就要求班主任多与他们交流，要在信任的基础上，敞开博大无私的胸怀，用情感去温暖、感化他们，使他们感受到被尊重和爱护，感受到班集体的温暖。班主任在指出他们缺点的同时，要带着爱和信任去鼓励、去期待，给予他们更多的机会，给他们搭建更广阔的舞台，使他们在活动中慢慢地改变。

2014.11.27

学校的生命力就在于教师的成长

一所好学校，不在于它的校舍有多好，人们更看重的是它的师资水平。抗日战争期间，西南联大在那样艰苦的条件下培养出了那么多优秀的人才，靠的就是一批有信仰、专业水平高的教师队伍。在常州听了5场专家报告，参加会议若干次，无论是专家、局长、校长，还是其他学校管理者，逢会必讲"教师专业成长"，校校如此。我也深深理解了常州市教育领先的真谛。

学校的生命力就在于教师的专业成长。课程建设和课程改革离不开教师成长，学生的发展离不开教师的成长。教师的成长源于内心的觉醒，而内心的觉醒源于对幸福的追求。

处于当下的形势，面对压力与竞争，面对困难与矛盾，面对诱惑与挑战，我们的教师个体发展的动力容易缺失，因为缺少自我发展的强大动力，就很难感受到生命因工作而快乐的境界。怎样培养教师的这个动力呢？

一是领导者的正确引领。校长要引导教师树立正确的价值观和人生观，无论大会、小会还是个别交谈都要引导教师多读书、多学习，走专业发展之路，激发教师专业发展的内在需求，给老师提供专业发展的机会与平台。

二是注重管理的艺术。管理制度上从强制管理逐步走向自主管理；管理组织上从垂直管理走向水平管理；管理文化上从物本管理走向人本管理；管理模式上从战术管理走向战略管理；管理方式上从信息管理走向知识管理。

三是激发教师主动制订自己的专业发展规划。学校帮助教师根据自己的实际能力和工作年限，科学制订发展规划，并帮助其逐步实施。

四是建立评价激励机制。对专业发展快的教师给予相应的物质和精神奖励，并提供外出学习的机会，促使其有更大的发展动力。

2014.11.30

"推门听课"少些好

在很多场合说起"推门听课"，言者都比较自得，认为这个"推门听课"代表严格管理，代表教学经得起检查，没有弄虚作假。但是，对这个"推门听课"，现在越来越让人感到担忧，担忧教师对管理者的不信任，担忧学生对教师的不信任，担忧……我们总是强调"一切为了学生的成长""尊重学生的学习权利""尊重学生的主体地位"，我们也强调"课堂是一个神圣的地方""要尊重教师"……我觉得，对学校教学而言，这个"推门听课"似乎缺少对课堂的尊重，毕竟我们管理者的"推门听课"旨在检查教师教学情况，这一点，连学生也明白。所以，"推门听课"还是少一些好。

2014. 12. 1

思想方法是知识技能的"暗香"

昨天，在解放路小学二楼报告厅参加了天宁区教育拔尖人才（数学组）教科研能力的选拔赛，选手讲完课后，江苏省特级教师、启东市中小学教师研修中心主任蔡宏圣老师展示了一节六年级的数学课《认识比》，接着又做了一小时的学术报告。

我被蔡老师精湛的教育水平、扎实的教学功底和深厚的文化底蕴所折服。《认识比》的另类设计、灵动的课堂、精彩的互动、智慧的语言、高超的调控能力、娴熟的教学技艺以及他所表现出来的知识视野、数学素养、创新思想、人格魅力，无不冲击着我的思想和心灵。

以下是我的体会和感悟：

1. 传递数学思想，引发思考

蔡老师执教的《认识比》一课，充分体现了数学思想。他认为数学知识固然重要，但比知识更重要的是背后的数学思想和方法，所以他把引导学生体会"为什么学习比""比所蕴含的数学思想方法"确立为教学重点。课堂中他不时地启发学生多角度多方位地思考问题，引发学生的创新思维，学生的思维一次次碰撞出智慧的火花，把课堂推向了高潮，给人以很大的启示。

2. 幽默风趣的语言，激发兴趣

有人说数学课堂是枯燥的，因为课堂中充满了缜密的思考和推理。但在蔡老师的课堂上，我们却很难看到这种枯燥。学生思考不断，笑声也不断，因为在他们面前，总有一位风趣幽默的老师。回答得精彩，会得到似乎有点夸张的表扬；回答得不完美也会从另一个角度被欣赏。学生的心情放松了，思维就活跃了。

3. 思想方法是知识技能的"暗香"

留给我印象最深的是蔡老师的学术报告《知识在这里，思想在哪里》，他以故事《把梳子卖给和尚》导入，用四种思维方式卖出梳子的数量截然不同。第一种方式，明知道和尚没头发，却硬要卖给他梳子，不但一把没卖掉，还让和尚当成神经病骂走；第二种方式，央求和尚，发发慈悲，最后只卖出一把梳子……第四种方式，经过深思熟虑，在梳子上刻上"平安梳"的字样，然后经大师开光，结果来庙堂叩拜的香客走时必带一把，这下卖了一万把梳子。蔡老师通过故事告诉我们数学教学也要从不同的角度来思考，才会有更多的惊喜。他说，如果数学学习只看重知识及其相应的技能，无疑太过功利和实用；挖掘知识蕴藏着的深远意义，那才更有价值！数学的思想方法离不开知识技能，但思想方法是知识技能的"暗香"，没有有意识地去揭示和敞开，思想不会自然而然地呈现。我想，这可能是蔡老师在20多年的教学生涯里，经过"学习—思考—实践—总结"后最经典的思想提炼。

启发：

1. 坚持学习

苏霍姆林斯基在《给教师的建议》中说："要天天看书，终生以书籍为友。"作为一名校长更应该如此。在一定意义上说，我们通过博览群书，拜读古今中外教育名著，可以与大师对话，与大师心灵相通。"行万里路，读万卷书，交万个友"，只有在持之以恒的专心阅读中，才能不断提高自己的文化素养。

2. 勇于实践

即使我们无法改变现状与环境，我们可以改变自己，改变自己的工作态度和工作方式。带领教师进行教育教学研究，走专业成长之路，变被动学习为乐于研究。我们不仅要善于学习，还要勇于实践，创建各具特色的适应不同学生的教育教学环境，提升课堂效率，让课堂焕发出生命的活力，让孩子们得到不同的发展。

3. 经常反思

不断地反思和觉醒，会让我们的心灵充满活力，充满智慧，充满追求。要培养独立思考的精神，在实际工作中永远保持清醒的头脑，对学校的一切教育教学活动不断地进行反思、研究，对已有的知识和经验进行重组，形成自己对教学现象、教育问题的独立思考和创造性见解，促进学校工作的全面发展。

2014. 12. 2

家校共育

—— 亲子沟通密码

昨天下午参加了解放路小学的五年级家长会，学校邀请了常州市家长教育专家、夏令营心理辅导教师蝴蝶老师给家长做了《家校共育——亲子沟通密码》的主题讲座。

为使家长们在家庭教育方面能得到专家的指导，从而掌握更科学的育儿方法，本次家长会学校特地安排与专家面对面交流的方式。蝴蝶老师围绕亲子沟通密码充分展开讲座，在一个个事例和教育问题中，她凭借娴熟的演讲技艺和丰厚的人文积淀，深入浅出，娓娓道来，让全体家长充分享受了一道营养丰富的"心灵鸡汤"。演讲过程中，家长们认真聆听，时而回答老师的问题，时而齐读沟通密码，在互动的过程中学习转化，分析自己的教育得失，从中掌握了不少与孩子沟通的技巧与方法。蝴蝶老师高屋建瓴而又有实际指导意义的讲座使家长受益匪浅。

讲座结束后，家长们在各班教室里与班主任和任课老师展开了分享交流：或任课老师交流教育方法，或学生代表发言，或家长代表总结陈词，或班主任分析班级情况……

本次家长会主题明确，内容丰富，家长们在与专家和老师们的交流互动中收获颇丰。在家校共同培育下，解放路小学的孩子们会更加健康、阳光地成长。

2014. 12. 3

优秀是一种习惯

昨天下午解放路小学六年级家长会，邀请了学生家长24中副校长、家庭教育名人殷涛老师，他给家长作了题为《培养更有竞争力的孩子》的报告。报告多次提到"要培养孩子的优秀习惯""优秀是一种习惯""成功源于好习惯"，他还利用课件展示了天津南开中学一面大镜子上的"镜铭"："面必净，发必理，衣必整，纽必结，头容正，肩容平，胸容宽，背容直，气象勿傲勿怠，颜色宜和、宜静、宜庄"。我们都知道周恩来总理一生的风度和仪表为世人所景仰，他青年时代就就读于这所学校。周总理每日上学时都会仔细阅读这块牌匾上的内容，然后对照整理自己的仪容举止，他的形象风度就是这样长期熏陶和自觉训练的结果。

"优秀是一种习惯"，这是古希腊哲学家亚里士多德的一句名言。如果我们一直认真地对待每一件事，把每一件简单的事都做好，那么优秀就会成为一种习惯，一个个优秀的习惯便会成就一个优秀的人。如：

爱整洁的习惯，美化了环境，也美丽了我们自己；

礼貌的习惯，尊重了别人，获得了感激，文明了身边的世界；

孝敬的习惯，尊敬了长辈，获得了关爱，丰润了一颗感恩的心；

诚实的习惯，衷心于别人，回报于真情，让世界充满信任；

爱读书的习惯，纵观古今，拓展了视野，陶冶了心灵。

优秀的习惯使我们向气质、胸襟、风度、学识俱佳的高素质人才靠近。因此，要培养孩子成功，获得幸福，不仅应让孩子具备丰富的知识，而且要让孩子养成优秀的习惯和优秀的品行。

对于培养优秀的习惯，我粗浅地认为：第一，优秀就是一种坚持。很多成功是需要积淀，需要经过量变到质变的。如坚持读书，你的内涵和气质就与人不同；坚持写作，你就会落笔成文；

坚持钻研，你的工作必然创意迭出，成绩斐然。第二，优秀就是一种态度。态度决定一切，如果你对学习、生活充满热情，积极主动地去对待每件事，想不优秀都很难。第三，优秀就是创造性思考。做事前首先要思考，保持积极思考的习惯，保持思维的独立性与前瞻性，让自己的思想闪烁智慧的光芒。

让我们把握每一个稍纵即逝的契机，把"优秀是一种习惯"作为对自己和学生的一种要求和追求，作为人生的一种理念，让它浸润我们的心田，那么，我们的人生定会与众不同。

2014.12.4

小会议，大文化

今天在小会议室参加了解放路小学的行政办公例会，会议从上午 9 点 20 分到 11 点 20 分共 2 小时，参加人员是学校所有行政人员，一共 16 位，其中有几人因外出或迎检缺席。会议由潘校长主持，共两项议程。一是由各部门负责人汇报交流前段的工作、反思和下周工作要点。二是由潘校长总结工作，潘校长的讲话内容有三个方面：一是美文欣赏，并简单解读；

二是前段工作亮点点评和近期工作安排，具体详细；三是近期需要注意的问题和问题的解决，态度严肃。为了尽快地解决问题，散会后，校党支部成员继续开会，研究问题的解决办法。

会议流程除了美文欣赏外，与我们的大致相同，不同的是，我们严重缺乏会议所蕴含的文化底蕴，体会如下：

一、会议准备充分。虽然是周例会，但每个参会者都以书面的形式汇报交流，内容丰富、翔实、具体，汇报认真严密，几乎一半人带着电脑，使用电子稿汇报。

二、会议发言精彩。16个人的发言、16份汇报稿，听上去就像16篇美文，既有理论高度又有草根实验，既有文学修饰又有客观评价，表扬到位，分析透彻，文采飞扬，妙语连珠。

三、对话平等，"感谢"不断。无论是校长、副校长还是各位主任都很谦虚，对自己工作取得的成绩，都归功于帮助、支持他的人，16份发言中听到最多的是"感谢"某某老师，"感谢"某某团队，两个多小时的会议没有责怪、抱怨、批评，只有表扬、欣赏、感谢和鼓励。

四、潘校长的讲话就是一场学术报告。名校就有名校长，潘校长就是如此。潘校长讲了40分钟，从形式到内容环环紧扣，对工作高屋建瓴的理解和她博学的内涵深深触动了同样作为小学校长的我。她谈到优质学校复评时说，复评是我们学校的再出发，课程改革和学生发展是我们永恒的主题，课程是学校全面育人的方案，我们每个人要深入研究；她谈到"文明市"学校迎

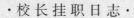

"国验"时说，无论国家的哪项验收都与我们的教育宗旨相符合，文明市的验收给我们学校带来了校貌的改观，学生文明程度的提高，这个验收多方受益。她的这番话也验证了她一贯倡导的解小人要"发出解小好声音"的做法。她的每句话都能让人从根本上接受，潜移默化地传递着正能量，引导着自己的团队在慢慢成长、向着优秀发展。

这次周例会不仅给我们提供了一次学习机会，也是对我们怎样开好学校行政会的一次手把手的培训。精彩的汇报交流背后，可以看出各位行政工作人员的知识功底、政治修养和人文素养，值得我们好好学习与反思。

2014. 12. 5

游览历史名巷——青果巷

来常州之前看过江苏台的电视剧《青果巷》，怀着好奇，周末与同学一起游览了青果巷，真是名不虚传。

常州是江南水乡著名的历史名镇之一，至今已有几千年历史。城内各历史时期的遗存十分丰富，保护完好。而青果巷则是常州市区保存最好、最负盛名的古街巷，是常州整体历史风貌的精华所在。

她不仅保留了不同历史时期的部分历

史遗迹，还保留有纯朴秀丽的传统建筑和名人故居，再加上古运河毗邻而居，一派江南水乡风韵。

青果巷位于常州老城区中部偏南地段，东至和平路琢初桥，西面直通商业中心南大街，南面是护城河。

1. 名称由来：青果巷始建于1581年，南临城区运河段，当时船舶云集，是南北果品集散地，沿岸开设各类果品店铺，旧有"千果巷"之称。常州方言"千""青"难辨，才有了现在的"青果巷"。

2. 名人云集：从青果巷走出的名人有南宋名将刘师勇，明代文豪唐荆川、清代书画家钱维城、恽鸿仪、汤贻汾，洋务运动先驱盛宣怀，民初谴责小说家李伯元，故宫博物院开创者吴瀛、剧作家吴祖光，语言学家赵元任，汉语拼音之父周有光，革命先驱瞿秋白和张太雷，七君子之一史良，著名爱国实业家与收藏家刘国钧等。

3. 名门望族聚集地：巷道两旁除了青砖砌的明清传统民居外，还有大量历史文化价值颇高的名人故居，如爱国实业家刘国钧故居、语言大师赵元任故居等，这里是常州唯一的名门望族聚集地。

青果巷，因八桂堂而闻名天下。百年故居八桂堂坐落在青果巷82号，最初是明代文豪唐荆川考上状元后，因在自家院子里种了8棵枝繁叶茂的桂花树而闻名，后来名人相继入住，逐渐成为人文荟萃、卧虎藏龙之地。这里留下了历代英雄的足迹和名流

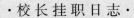

儒雅之士的琅琅书声，真可谓是极富文化传奇色彩的古街名巷。

青果巷经过 500 多年的风雨洗礼，能完好无损地保存至今，可以看出常州人对文化的保护和敬畏。

2014. 12. 8

心在哪里，智慧就在哪里

教育不仅是一门技术，更是一门艺术。备教批复考各环节都需老师用心去做。但同样是老师，学历、年龄相当，每天的在校时间一样，教育教学质量却迥然不同，这说明教师的教育智慧不一样，再往前推就是不同的教师，用在教育上的心思不一样。

常州的校长，几乎个个是教育专家，教育境界高，理论水平深，实践能力强。

经常与老师一起研究教学、研究学生、研究课程实施、搞科研，帮着老师规划自己的专业发展，并搭建各种实施平台。

常州的教师工作，除了日常的备课、上课、批改作业、各种活动、学生管理，给我印象最深的是听评课。评课时每个老师的发言都非常积极主动、专业，对教材的把握之精准令我折服。就听评课的专业程度我专门请教了解放路小学的业务校长，她给我的答复是：教师听课不是一般意义上的倾听他人随便说话，而是一种有目的的学习活动，其关键是融入课堂不断思考，有了这个前提，日常的听课就被赋予了新的含义：不仅仅听，而且应该有思想上的促进，行为上的跟进，并用心记录教学过程，用心思考课堂教学，正所谓心在哪里，智慧就在哪里。校长的话又一次触动了我。

2014.12.9

北郊初中陈小平校长对老师的八项要求

1. 多琢磨事，少琢磨人。

2. 多琢磨自己，少琢磨他人。

3. 多支持，不拆台。

4. 多理解，少误会。

5. 多体谅，少埋怨。

6. 多建议，少批评。

7. 当面说，不非议。

8. 多看别人的长处，少看别人的短处。

我的理解是：

1. 用心做好自己的本职工作，做个知性教师，不要闲谈他人是非。

2. 严于律己，宽以待人，做大气的教师，做大气的人。

3. 支持学校工作，支持他人工作，话不能说绝，事不能做狠，要心存感激，不要怨恨。

4. 换位思考，就能减少误会，做个宽容、宽松、宽大之人。

5. 埋怨学校，埋怨他人，只能使自己的心态变坏，产生烦恼、急躁情绪。要把兴奋点、着力点放到自己的工作上，做个传递正能量的使者。

6. 不当旁观者，不当批评家，不指手画脚，要诚心对待身边的人和事。

7. "君子坦荡荡，小人长戚戚"，当面说也要注意说话的艺术与方法。

8. "尺有所短，寸有所长"，不要拿自己的长处比别人的短处。三人行，必有我师。做人要有敬畏之心。

2014. 12. 10

银杏树下银杏娃

今天我们解放路小学的挂职校长跟随朱金山校长到实验小学参观学习。学习过程中，在校园的东南角我们被一棵高大的银杏树吸引住了，据说这棵银杏树已有150年的历史。看上去它比学校的教学楼还高，主干又直又粗，两三个人才能抱住它，银杏树的树皮很粗糙，是棕色的，它的树枝向四面八方展开，树根旁边有一个偌大的石头，上面刻着"树魂"两个字，

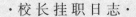

在学校东大门口还有"银杏娃三字经"文化墙。

怀着好奇，回来后我在学校的网站上看到了关于银杏娃的故事，于是，我明白了银杏树已经和学校融为了一体，因为这棵树，实验小学的队员们有了一个共同的名字——银杏娃，学校早已把它作为一种课程，银杏娃们也已经把它当成了一本百读不厌的课本。上周银杏娃们举行了银杏爱心行动，他们利用银杏美丽金黄的叶子做成了精美的书签，然后举办了"银杏爱心行动义卖会"，用义卖所得的全部收入购买食物、圣诞装饰品送往福利院，给福利院的孩子们带去节日的问候与温馨。据了解，此类活动每年都有，另外还举行了"争当礼仪银杏娃""争当银杏美少年"等活动。

无独有偶，我们学校的操场南边也有两棵银杏树，树龄已20年。每年春天到了，银杏树开出白里透红的小花，好像一张可爱的小脸正在朝你微笑。绿油油的叶子密密层层，一片挨着一片，绿得好像能滴下油来，一阵风吹过，叶子发出"沙沙"的声音。

夏天，树叶长得更茂盛了，银杏树宛如一把绿油油的大伞挡住了阳光。下课了，同学们就来到银杏树下，有的乘凉，有的嬉戏，有的看书，还有的在观赏它，这儿成了同学们的乐园。

秋天，银杏树上的叶子逐渐变黄。深秋，一阵微风吹过，树叶纷纷落了下来，好像一只只金色的蝴蝶在自由自在地飞舞。

冬天，银杏树上光秃秃的。一夜雪下过，树上好像披上了一

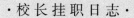

件白大衣，十分美丽。这两棵银杏树给我们的老师和学生带来了无穷的乐趣。不同的是我们还没有把银杏文化做得这么精、这么深。

常州市实验小学的这棵银杏树承载了学校的精神和理念，150多年来，它一刻不离地守护着校园和孩子们，目送着一批批优秀的毕业生从它身边走过，同时它也是这所名校百年树人的见证。

2014. 12. 11

浅议《义务教育学校管理标准（试行）》

本周，解放路小学行政会推荐的美文欣赏是 2014 年 8 月教育部正式颁布的《义务教育学校管理标准（试行）》（以下简称《标准》），潘校长领着各位行政人员学习了主要内容并做了重点解读。我们在学习过程中，也有了一点自己的思考。

《标准》被专家称为一个"教育软件"，预示着义务教育学校管理侧重点的变化，从过去对硬件设施的关注，逐步转向关注管理中的理念、方法，更关注教育内涵发展，更关注教育中"活生生的人"。内容涉及落实立德树人根本任务、促进教育公平、提高教育教学质量、培养和践行社会主义核心价值观、减轻学生过重课业负担、加强队伍建设、维护校园安全稳定、建设现代化制度、促进学生身心健康等基本问题，这些也都是当前学校、家庭和社会关注的教育热点、难点问题。

《标准》倡导校长的治理能力，要求校长依法自主办学，独立办学、独立判断、独立策划、独立决策和独立执行，成为法律、制度、治理意义上的学校之主。除了教育督导机构以外，政府、教育行政部门和其他部门都要杜绝随意的检查评比，不经学校允许，不得到学校进行任何检查、评比、抽查，避免干扰校长办学。

从学校层面来讲，《标准》为学校管理的规范化提供了理念参照和操作依据，但有了标准，并不是要"标准化"，把所有学校办成一个模式，而是在落实《标准》的基础上追求办学的个性化和特色化。作为学校管理者，要注意处理好《标准》和办学特色的关系，既要达到基本管理标准，又要形成自己的教育特色。

如何正确理解并科学实施，是其生命力所在。要执行好这项标准，给教育教学带来实实在在的效益，还要看我们的执行力。因此，对照《标准》我们要全面学习，深刻领会，依据学校的实际情况科学落实《标准》精神，使学校在政府管理、社会监

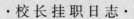

督下，在依法、自主办学的前提下，努力办出一所学生喜欢、家长满意、社会公认的好学校。

2014. 12. 14

变化无穷的 "体操垫"

今天下午第一节体育课，又有一个高年级在上跨栏课，使用的还是 "体操垫"。回想解放路小学近两个月来的体育课，无论是年轻老师的课还是年长老师的课，小小的 "体操垫" 让孩子们爱不释手，他们像玩魔方一样，不时地变换着形状和角色，别有一番趣味和风采，真可谓是一物多用，物尽所能。

孩子们有时在垫子上玩爬行接力比

赛；有时把垫子折起来成了一个倒立的"栏杆"，在上面练习跨栏；有时又把与人数等同的垫子排成方阵，随老师的口令或音乐跳上跳下，双脚跳，单脚跳，左右、前后来回跳；有时，在上面练仰卧起坐；有时他们又把所有的垫子编织在一起，在上面练习跳高。无论哪种玩法，孩子们都神情投入，笑声不断，经常是满头大汗，尽管下课铃响，却意犹未尽。

　　不论是爬行、跨栏还是跳跃、跳高，孩子们都难免会失手，但在这样的器械上运动，给孩子们造成的伤害会降到最低；从经济价值上讲，经济实惠；从操作层面上讲，大小适中又轻便，容易携带和取放。从体育课上的体操垫，又一次看到解放路小学老师们的教育智慧。这一做法值得我们学习和借鉴。

2014. 12. 15

一辈子学做一件事

——参加名师讲坛有感

上周五下午 4 点在解放路小学教育集团演播厅举行了武进区星河小学庄惠芬校长的报告会，开启了名师讲坛的第一讲——"一辈子学做一件事"。解小、香梅、浦前学校的老师们齐聚解放路小学，庄校长用自己从事教育工作的丰富经验给在座的老师们带来了充满智慧并且令人感动的一课。

用真心浇灌爱的种子

讲座伊始，庄校长就满含深情地诠释了她一辈子执着、认真地学做的一件事——爱，她结合自己的切身体会告诉在座的老师们，用心去爱孩子，把每个孩子都当成独一无二的珍宝精心呵护；用情去爱老师，在工作与生活中给予老师最大的支持，让老师实现自己的价值；用力去爱自己，通过明确的规划、认真的工作获得知足感，不断升华自我……随后庄校长还和在座的老师分享了她访名校、读名著、拜名师、访民生的经历。面对庄校长的妙语连珠、慷慨激昂，感受到庄校长的"捧着一颗心来，不带半根草去"，在座的老师无不啧啧赞叹！

用坚持支撑前行的脚步

专注于一件事，看似简单，其实是对毅力与恒心的考量。而对于已收获了许多赞誉、丰厚果实的庄校长来说，她不但没有丝毫懈怠，反而更是一步一个脚印，踏踏实实、认认真真地坚持这份爱，践行她的梦想，犹如一朵向日葵，对人生、对教育事业有着一份追逐阳光般的热情。庄校长认为宇宙无涯，人生有限，一生干一件事，每个人都应当把有限的时间、有限的精力集中起来，做一件应当做、可能做的实实在在的事情。一个目标明确之后，就必须凝聚起自己全部的心血、体力。回到教育的原点，用

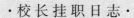
心去爱，用情去爱，用力去爱，用智去爱，用真去爱，用梦想去爱。心无旁骛，坚守初衷，不忘初心，方得始终。而她也正是以完善自我、发展学校、成就学生作为自己专业发展的规划，一辈子学习做好一件事！永远在路上！

　　庄校长精彩的讲座，让我们感动，也让我们受益匪浅，一辈子学做一件事，用爱对待每个人、每件事！

2014. 12. 16

你是我的童话

　　童话作为儿童最基本、最重要的文学体裁之一，富有浓烈而独特的幻想色彩。二年级的孩子们正处于好奇好问、求知欲旺盛的年龄，特别喜欢充满浪漫幻想和故事性强的作品。优秀的童话故事，不仅能拓宽孩子们的视野，丰富孩子们的想象，更是他们成长道路上不可缺少的精神食粮。

　　解放路小学二年级的老师们抓住这一

特点，以"你是我的童话"为主题，在二年级走廊里精心打造孩子们的童话王国。他们用心为孩子们设计了本学期的阅读书目，并挑选购买了系列图书，摆放在走廊的书架上，为孩子们打开了童话王国的大门。课间，孩子们捧着充满魔力的故事本，读得津津有味，沉浸在奇幻的童话世界里。

在老师的指导下，他们还用自己的双手将童话王国装扮得五彩缤纷。孩子们有的把钟爱的角色画在面具上，到了课间，你是"大灰狼"，我是"小红帽"；有的把最爱的故事绘在纸杯上、扇面上，做出各种手工作品装饰走廊；还有的把故事里的主人翁捏成泥塑，神情生动，别具一格。抬起头，走廊上空挂着的一把把雨伞上也住着童话精灵，笑盈盈地望着创作出他们的孩子们，原本空荡荡的走廊，眨眼成了绚丽的童话世界。

生活在童话王国的孩子们兴致勃勃，据说，他们还将化身为最爱的童话角色表演童话剧呢，我们拭目以待。

解放路小学校园将文化创设与孩子们的成长需要紧密结合的做法，值得我们借鉴。

2014. 12. 17

老当益壮的蒋老师

我刚来到解放路小学学习的时候，经常看到操场上有一位头发花白、中等身材、穿着朴素、戴眼镜的男老师给低年级的孩子们上体育课，并且上得有声有色。

午饭时间和饭后，在一年级（6）班又经常看到这位老教师，看护孩子们进餐，不是劝孩子们吃饭，就是拾掇孩子们的碗盘，耐心和蔼的程度俨然就是一位爷爷，他的行为令我敬佩。

今天，我逛班，又一次看到这位老教师，在给孩子们擦饭桌，我忍不住走近他，和他聊了一会儿，才知道他的基本情况。

蒋老师：男，1959 年生人，他有三份工作，分别是解放路小学的会计，一年级 6 班的 8 节体育课老师，一年级 6 班的配班老师。（配班老师相当于我们的副班主任，但一年级 6 班学生午饭时间由他全面负责。）

"春蚕到死丝方尽，蜡炬成灰泪始干。" 56 岁的蒋老师，在我们那里的一些学校，工作应该比较清闲，或者工作量是他现在的一半足矣。而他有三份工作，每份都做得那么认真、那么优秀，即使年轻教师能做到这样也不容易。

担负一份责任，守住一份清苦；付出一份努力，获得一份尊敬。蒋老师这种默默奉献的大爱精神和对教育事业的无限忠诚诠释了人民教师的本色，值得我们学习和敬仰。

2014. 12. 18

游戏，让校园充满活力

正对常州市延陵小学大门的是"玩中学，学中玩，回归儿童，发展儿童"的办学理念。走近延陵校园，"游戏"文化无处不在。据校长介绍，延陵小学共有学生960人，其中百分之九十是外来务工子女，他们的规则意识较为薄弱，与城市里的孩子相比，更渴望游戏。于是学校开发了力量游戏、平衡类游戏、速度类游戏、益智类游戏、投掷类游戏、敏捷类游戏校本课程。课下和课外活动时间减少了打闹和疯跑，孩子们在这些游戏里乐此不疲。

"游戏"就像是一个万花筒，有承载历史的、饶有童趣的传统游戏；有充满智慧、激情飞扬的创新游戏；有动手动脑、五彩缤纷的民间游戏；还有激情勇进、挑战自我的擂台游戏。在游戏中，孩子们身心愉悦、释放自我、团结合作。他们建立起友谊、公正、负责的意识；他们敢想、敢做，不怕失败，乐于创造。同时他们的身体素质、速度、平衡能力、节奏感都有明显的提高。

如今，游戏开始进入课堂，游戏化、情景化的课堂让孩子们轻松、乐学。以英语课为例，原来，这些外来务工子女由于家庭环境影响对英语课毫无兴趣，自从"游戏英语"引入课堂以来，孩子们的课堂表现尤为精彩。活泼、有趣、新颖的课堂让孩子们对英语学习充满了兴趣和好奇。

玩中学，学中玩，学习原本是思维的游戏，我学我爱，我爱所学。延陵小学基于学生实际，量身定做校本课程的做法值得我们学习和借鉴。

2014. 12. 20

走近"全课程"

延陵小学是常州市 5 所"全课程"实验学校之一，我们之前听过他们的阶段性成果报告，上周四我们又来到学校参观他们的"全课程"。来到一、二年级的教室，看到孩子们都在上"全课程"，教室里的文化创设也都围绕"全课程"展开，"玩具总动员"单元的主题文化设计琳琅满目，课堂上师生全身心投入。看来

"全课程"已在延陵小学扎下了根。

校长进一步向我们介绍了"全课程"。她说，全课程教育改革，是以培养"全人"为目标，覆盖学校全部生活，推动学科全面融合，面向与教学相关全部要素，包括教与学、教育评价、教学组织、行政管理、学校环境的综合性课程改革，唯一指向就是培养人格健全、思维活跃、个性鲜明、素质全面的儿童。

"全课程"有四个关键词：全人、全部生活、全面融合、全部要素。

所谓"全人"，就是要致力于培养人格健全、思维活跃、个性鲜明、素质全面的儿童。"全部生活"就是涉及所有学科，覆盖全部生活。全课程改革涉及所有学科，以课程变带动教室变、课堂变、教师变、学生变。同时，全课程改革也把小学阶段全部地学校生活纳入课程范围内进行统筹，让活动变、环境变，建设一个充满各种可能的儿童世界。所谓"全面融合"是指淡化学科界限，强化学科融合。小学低年级，两位全科教师在自己独立掌控的教室，承担几乎所有学科的教学，此时学科间的界限不再那么泾渭分明，学科间的融合成为可能。学科融合实现了由点到面的扩张，教师能跳出学科这个狭小的点，把关注点从学科学习转向学生整体的生命成长，从关注知识的传授转变到关注人的发展，为学生的终身发展奠定宽厚的基础。所谓"全部要素"就是指全课程改革将面向与教学相关的全部要素，包括教与学的方式、评价的方式、教学组织形式、行政管理体制、学校环境等。

全课程的课程设置主要分三部分：始业课程、常规课程、毕业课程。小学阶段的十二学期，其中第一学期的课程为始业课程，与幼儿园对接，以故事、游戏为主，通过丰富的课程设置让孩子热爱学校，热爱学习。第二到第十一学期的课程为常规课程；第十二学期的课程为毕业课程，与初中生活全面对接。

始业课程目标：通过丰富的课程，让孩子热爱学校，热爱学习。其特点是学科融合、游戏精神、建立有安全感和信任度的教室、创造出美好的生活。以主题为引领，打破学科壁垒，学科知识能力目标隐含其中，突出儿童丰富有趣的生活。

今天的教育越来越多地走向多元并尊重选择，今天的校园必须开发满足学生多样需求和个性发展的课程。"全课程"改革正是适应了教育发展的这一趋势。常州市的教育改革正试图创造一个真正属于孩子们的学校，并努力地为他们成为全人搭建舞台、提供空间、创造条件。

2014.12.21

常州教育印象

2014年10月27日至12月25日，根据泰安市教育局安排，我们泰安一行60名校长在江苏省挂职培训两个月，我被安排在常州市解放路小学，有幸与常州教育零距离接触。常州市厚重的教育文化，灵活多样的办学模式，浓厚的学术氛围，教育家办学的情怀，教师敬业精业的精神，务实高效的管理，创新的人才培养模式，都给我们留下了深刻的印象。

印象1：崇文重教，历史传承。常州是江南文化古城，历来崇文重教，人文荟萃，有"明清看北京，汉唐看西安，春秋看常州"的说法。从隋唐开科取士到清末，常州共出过9名状元，1546名进士。近代又走出了"常州三杰"瞿秋白、张太雷、恽代英，"七君子"中的李公朴、史良，以及华罗庚、刘海粟、盛宣怀、赵元任等名人大家，两院院士中常州籍人士有60多人。常州与苏州、杭州、北京是我国历代出文人最多的四个城市。常州崇文重教的传统绵延至今。无论你走在哪条大街小巷，都会看到图文并茂的文明公益宣传语，如社会主义核心价值观、关注未成年人的"八礼四仪"（主要针对未成年人提出的要求，八礼包括仪表、餐饮、言谈、待人、行走、观赏、游览、仪式之礼；"四仪"主要为入学、成长、青春、成人仪式）、全民读书宣传版面或绘本。城内各个历史时期的遗存十分丰富，如青果巷、梳篦巷、明城墙、古运河、前后北岸等。青果巷，因八桂堂而闻名天下，经过500多年的风雨洗礼，完好无损地保存至今，可见常州人对文化的敬畏。

印象2：政府对教育的投入到位。"苏锡常"（苏州、无锡、常州）是传统意义上的苏南，以长江和淮河为界，是吴文化的发源地。常州作为"苏锡常"都市圈中心城市之一，经济发达。常州本来就崇文重教，所以政府对教育的投入很到位，常州学校的设施设备标准高，教师的办公条件优越、待遇丰厚。我们去过的几所学校，每所学校都有宽阔的地下停车场、风雨操场、室内篮球场或乒乓球室，还有演播厅、报告厅、校史室、大小会议室，各种功能室齐全。仅常州24中3层的立体操场，就投入资金800万元。学校的物业、安保都是政府买单。另外，即便是小的工程资金，如校园文化装饰、安装监控等，只要学校申请，政府都拨专用经费。我们去过的几所学校都是零债务。

印象3：办学品质高，特色鲜明。常州按照教育规律高端依法精品办学。学校办学规模适中、班额标准、各类师资充足，学校管理精细高效，学生管理全面到位，个性得到有效发展，教育教学质量得到有效保障。作为江苏中学四大名校之一的省常中，共有学生1700人，实小、解放路小学、24中等百年老校，在校学生也都不超过2000人，班额都不超过国家规定的人数。几乎所有学校，规划设计科学合理、建筑风格品位高、设施设备先进实用，校园文化主题鲜明、内涵丰厚、大气中不乏时尚新颖，体现了育人理念和办学特色。解放路小学把头脑奥林匹克活动设为校本课程。头脑奥林匹克，全称为 Odyssey of the Mind，简称头奥（英文字母缩写 OM），是一项培养青少年动手动脑、科技创新等综合素养的国际性活动。课程分为三级，即普惠课程、升级课程和旗舰课程。课程实施7年来，学校取得了3次世界冠军、1次世界亚军、1次世界季军、2次全国冠军，被中国头脑奥林匹克协会授予头脑奥林匹克活动特色学校。用解放路小学潘校长的话来说，学校只有特色发展兼具品牌效应，才能彰显它的魅力。

印象4：教育基本均衡。常州各名校都成立了自己的教育集团。集团打破流动藩篱，师资统一培训、统一调配、统一使用，优化配置教育资源，解决教育不均衡的问题。为防止优质教育资源在合作办学中被稀释，集团实行科学的制度设计。比如，解放路小学教育集团，校本部与香梅校区的师资与管理人员，每年都有10%的流动，分校只设一位执行校长和两位主任，负责本校区各项工作，减少管理层级，大大提升了集团运转效率。学生就近入学，家长不再舍近求远去择校。教育集团的成立、盟校的加入、教研共同体的建立，扩大了优质教育资源的辐射范围，薄弱学校正逐步变为优质学校，教育不均衡问题得到实质性解决。

印象5：教育家办学。常州的局长、校长几乎都是名师、专家出身，有高尚的教育情怀、先进的教育理念和博大精深的教育教学内涵。教育行政部门把培养草根名师和草根教育专家当己任。所以，无论是局长、校长还是其他学校管理者，开会的主题多是围绕"教育教学""教师专业成长"而进行，他们鼓励教师走专业化、研究型发展之路，行政事务内容很少。常州市制定了五类教师（教坛新秀、骨干教师、教学能手、学科带头人、特级教师）培养方案，搭建多个平台，助推教师专业成长。校园学术氛围浓厚，读书学习已成为常州教师校园的一种生活方式。两个月挂职时间，我真切感受到常州教师强烈的专业发展愿望及为此付出的努力，他们都制订了个人发展规划，参与教育教学活动积极主动，有较强的课程开发和教育科研能力，在课堂教学、课后反思、经验交流和课题的研讨上，他们的理论水平和教育教学实践能力无不触动着我。所以，常州的草根名师、学者特别多，能做学术报告的校长、教师比比皆是。他们仰望星空，脚踏实地，目标明确，以实干家的行动续写常州教育的辉煌。

印象6：管理团队能力强，效能高。解放路小学的管理团队由五个部组成：学校规划部、学生发展部、教师发展部、课程研发部、后勤保障部，各部的负责人分别由校长和副校长担任。她们身兼数职，工作虽然千头万绪，但忙而不乱、有条有理，总是那么自信、阳光、精神饱满，丝毫看不出有任何倦怠和疲惫。就拿教师发展部来说，祁代来副校长不但主持教师发展工作，还是香梅校区的执行校长、英语学科主任、英语组推进人，同时分管美术学科，教两个班的英语。她每天的工作都排得满满的，不是埋头伏案，就是上课、教学辅导、业务检查、课题研讨，总是步履匆匆而又轻盈，感觉有使不完的劲。其他几位副校长也是如此。中层干部都是满工作量。这支管理团队的忘我精神、自律意识和精益求精的工作作风不但影响着整个教师队伍，也深深地触动着我们。我们也明白了为什么这所百年老校，脚跟能站得这么稳，路能走得这么远。

印象7：教师勤奋敬业，阳光洒满校园。绩效工资的发放、五类教师的梯队培养、教师的区域流动等顶层设计充分调动了教师工作的积极性。在解放路小学，勤奋敬业已成为教师的工作习惯。如56岁的蒋老师，既是解放路小学的会计、一年级（6）

班的配班老师，还承担着每周 8 节的体育课教学工作。每天的操场上，都有他矫健的身影，虽然他已头发花白，但上起课来依然有声有色。午饭时间，他看护孩子们进餐，劝孩子们吃饭，饭后收拾孩子们的餐盘，富有爱心和耐心，俨然就是一位亲爷爷。在解放路小学，早上 8：10 上课，上至校长，下至 56 岁的老教师，他们 7：30 就早早来到学校；下午 4：30 下班，多数教师工作到 5：30，有的还会更晚，有的还要加夜班。只要当天的工作没处理完，老师们就不会离开，这已经成为他们的自觉行为。通过与老师交谈得知，他们从不考勤，从不签到签离，加班加点完全出于自愿，这已是常态。他们一天工作 10 多个小时，虽然步履匆匆，但精神饱满，看不出有半点懈怠，整个校园充满阳光和朝气，满满的正能量。

印象 8：学校会议少，检查少，行政干预少。这是在常州挂职期间我们宁阳一行 9 位校长共同的感觉。以解放路小学为例，学校能用电话和网络解决的问题，就不集合老师们开会，校外的会议也不多。校外的检查部门和检查内容少之又少，两个月来只有三次检查，而且检查的方式直接有效。比如，区里的教学视导员，到校后直接进班听课，一上午听了 21 节课，入职 5 年内所有教师的课几乎全听一遍，听完就评课，基本上根据课堂教学来评价学校的教育教学。再如，安全检查，检查人员到校后看现场不看档案，让学校调出某天的监控录像，从录像看值班人员的到岗时间、工作状态、是否持器值班等，以此评价学校的安全工作。在常州，无论是市、区还是学校进行的教育教学活动都是实实在在的，"花拳绣腿"式的东西，甚至"只是为了宣传"的东西基本没有。

印象9：学术交流活动多。常州教育把相互交流学习作为业务提升的重要途径，交流形式灵活多样，既有教育名家对最前沿教育理念教育政策的解读、高端人才的学术报告，又有校际、名师间、学生间的教育管理和教育教学经验的交流。他们在"走出去、请进来"的学习交流培训中获取新知、开阔视野，教育教学和科研能力明显增强。两个月的时间，上至教育部专家、高校教授、江苏省特级教师、常州市名师的报告，下至天宁区部分中小学校长、副校长、家庭教育专家的讲座或课堂教学，我们听了12次。每次听课回来，都被他们的知识视野、对教育理论和政策的独到见解、精湛的教学水平、智慧的语言、娴熟的教学技艺、教学素养和创新思维所折服。

印象10：校园氛围和谐，没有官僚主义。教育局、学校等领导干部从不摆架子，与老师们平等对话，不搞一言堂，没有官本位思想，校园里几乎没有训斥和批评，更多的是鼓励和提醒，教学氛围宽松，师生的幸福感和主人翁意识强。

印象11：家长资源充分为学校所用。家长义教、义工常态化。如学校的法律顾问和律师是家长，家庭教育专家、心理咨询师是家长，给老师们上作文示范课的语文专家也是家长。解放路小学潘校长说，只要学校有活动就充分挖掘家长资源，家长为学校工作，我们既放心，又省钱，还为家长和学生搭建了自信和展示的舞台。

据权威人士介绍，常州教育已达到中等发达国家水平。用4句话概括常州教育：一是紧跟教育前沿；二是树立大教育观，各类教育齐头并进；三是用机制、体制解决问题；四是靠文化引领发展。

2015 年 1 月

初识平南小学

根据泰安市教育局安排，2018 年 10 月泰安市"卓越校长"培养人选到上海市闵行区挂职学习两周，我被分配到平南小学。29 日 7 点 30 分热情的平南小学办公室主任石瑛老师派车来接我们，从商飞学苑中心酒店出发，经过一小时的车程来到了我们向往的平南小学。

因为张小娟校长在外督学，她特意安排业务校长唐校长和石主任在会议室热情地接待了我们。唐校长向我们详细介绍了学校的基本情况和办学特色，石主任带着我们参观了平南校园。

平南小学创建于 1996 年，学校现有教职工 70 人，26 个教学班，学生有 1052 人。学校的核心理念是：第一次就把事情做好。校训：天天有新的变化。学风：乐群、有恒、不怕困难。教风：求实、致远、勇于探索。这些在校园文化中都有所体现。他们的学生观是：爱满平南，一个都不能少；和谐发展，一样都不能放。他们的特色课程有：口琴、泥塑、彩璃、形体、围棋、网球。他们的办学宗旨是：创学校艺术教育特色，提升师生文化的品位；树"零缺陷"服务品牌，办人民满意的教育。立足于"文化立校、文化立人"办学理念，学校努力构建"零缺陷"服务质量文化，使之成为学校发展的驱动力。

学校的荣誉更是数不胜数："十五"期间中央教育科学研究所科研教改先进实验学校、上海市和谐校园、上海市行为规范示范校、上海市"新优质学校"、上海市艺术特色学校等。学校办学水平督导评估为 A 等一级。

花园式的校园里一尘不染，独特的墙壁文化、温馨的区角设计、人文的办公室，特别是化妆室和哺乳室，犹如家的感觉，我想，老师们在这样优雅的环境里工作，一定效率高、幸福感强。

中午时分，石主任带我们去教工食堂用餐，食堂师傅和老师们友好的问候，更让我们感动，所有这些无不让我们深切感受到学校文化的厚重。

2018. 10. 29

平南小学第十九届少先队代表大会
隆重召开

昨天下午 1 点，我们有幸参加了平南小学 2018 年少先队第十九届少代会，少先队活动室里，少先队队旗与印有"平南小学第十九届少先队代表大会"字样的彩球相互衬托，格外喜庆，活泼而又庄重，少先队工作人员在老师们的指导下紧张而有序地忙碌着。坐席上 34 名候选人和 70 多名胸前佩戴着代表证和列席证的少先队代表们汇聚一堂，喜气洋洋等待会议开始。

会议由校红领巾主持人主持。大会内容共两项：一是选举新一届少先队大对委；二是校领导解答少先队的提案。

主持人宣布平南小学 2018 年少先队第十九届少先队员代表大会开始，然后介绍到会的各位领导和老师，少先队员为他们献上红领巾。

执行副大队长："全体起立、稍息。"

大队长出列，微握拳头，小跑到大队辅导员前敬礼，报告大队委候选人人数，选举代表人数，活动准备就绪。

大队辅导员敬队礼，接受报告，并表示很高兴参加此项活动，要求按计划执行，并预祝大会圆满成功。

执行副大队长转身，发出口令：全体立正，出旗，少先队员敬队礼。齐唱队歌。

执行副大队长宣布主题：大会的第一项活动是新一届大队委选举，第二项活动是提案答复。

首先进行本届大队委员选举，选举办法如下：34 位候选人，依次播放 3 分钟的竞选视频，再进行简短的竞选演说。少先队代表在认真观看和听取候选人的竞选视频和竞选演说之后，用平板在网上进行差额投票，从 34 位候选人中投出委员 32 人。由大队辅导员宣读当选人名单。

第二项内容是唐校长答复代表提案。唐校长态度诚恳、和蔼可亲，代表提案答复客观、认真，同学们鼓掌通过。

最后全体少先队员代表起立，大队辅导员带领全体同学表示：准备着，为共产主义事业而奋斗！

全体少先队员代表：时刻准备着！

主持人宣布平南小学 2018 年少先队代表大会各项议程圆满结束，请全体起立，退旗，少先队员敬队礼。然后大家有序退场。

感悟：参加此次会议我很激动也很感动，虽然我校也举行少代会，但老师和同学们的前期准备、认真程度和会议期间的庄重、严密性都与平南小学有很大差距。平南小学少代会的会议程序和会议的严肃性、认真程度与我们国家的人民代表大会几乎一样。会议如此成功，可以看出历届少代会的规格与水平。从满校园的海报宣传、候选人精美的视频、会议各种材料、现场的布置等无不能看出策划者和会务组工作人员的用心和辛勤的付出。

会议也是课程，通过近两小时的互动，培养了孩子们的竞争意识、参政议政意识、民主管理意识，也培养了少先队工作人员做事认真、精益求精的品质。美中不足的是，候选人的差额太少，只有两人，我清楚地看到，落选的两位同学，当他们看到当选的 32 名同学上台接受校领导颁发队徽时的眼神，是失落的、无助的，不知会后他们的心情会是怎样的，希望老师及时关注他们，并给予心理辅导和鼓舞。

2018. 10. 30

感受平南小学的"灵课程"

　　每个星期一下午，是平南小学的"灵课程"时间，也是同学们最开心的时刻。10月29日下午，我们参与了这一活动。全校1000多名学生，打破所有行政班和年级界限，去上自己喜欢的课程，教室里、操场上、走廊里、音乐室、舞蹈室、玻璃房，几乎学校所有的角落都有同学们活动的身影。学校提供的"灵课程"涉及运动技能、生活态度、艺术品位、阅读经历、科技素养等五大板块，总共 54 门课程。学期初学校根据学生平时的兴趣爱好，设计了这些课程，同学们在网上自由选课，参与体验。仅体育类课程就种类繁多，一年级普及橄榄球、围棋、足球，二至四年级普及网球，三年级学游泳，四至五年级学习篮球、网球等。

在走班观察中，我们感受到浓浓的"零缺陷"服务文化，"精致化、精品化"办学文化渗透在学校的角角落落、方方面面。校园是精致化的：白色欧式的校舍，雅致的小花园，一景一物都渗透着浓浓的文化气息，穿过学校的口琴形长廊，每一面墙仿佛都会"说话"。教学是精品化的：挂职几天来，我们看到所有老师都敬业爱岗、爱生如子、工作效率高、教学能力强。使我感动和受启发最大的是，学校在注重个体差异的分层教育中，充分体现了学校"一个也不能少""一样也不能放"的办学思想和"扬优、扶中、补差"的工作思路，学校的教育教学惠及每一个学生，让每一个学生在不同发展水平上都能在共同的文化滋养中健康快乐地成长。比如，四、五年级的作文课是分层走班，由最优秀的老师为写作文感到困难的学生授课；再如，网球课是学校的校本课程，据唐校长介绍，学校面对运动天赋不一样的孩子，采用了三色网球教学法——基础弱的同学用红色大球，基础较好的用橙色中球，已有一定水平的用绿色标准球。这种教学法让同学们感到打球不是难事，人人都愿意拿起球拍。

课程建设是办好学校的核心。由于这些课程常年的坚守与实施，使平南小学从"丑小鸭"变成"金凤凰"，由原来的城中村学校，变成了如今远近闻名的优质学校、家长向往的学校。用校长张小娟的话说，"秘诀"就在于学校坚持一个办学理念——"零缺陷"服务，目的是让每一个孩子都能学得有乐趣，学得有进步，使每个学生天天都有新的进步。

平南小学有效利用校方、家长、社会资源来共同丰富课程，把成熟课程打造成了精品课程，提升了课程品质，丰富的活动让学生获得了多元成长的体验。这是最值得我们借鉴的地方。

2018.11.1

别样的美术课带给我的思考

最近听了三节没动笔的美术课，而呈现出来的美却丝毫未减，感受颇深。这三节课分别是二年级的《折染窗花》、三年级的《扎染手帕》和《水墨游戏》。《折染窗花》和《水墨游戏》是闵行区小学美术教研活动的两节公开课，是由七宝明强小学的两位老师执教的。三年级的《扎染手帕》是平南小学的一节常态课。

《折染窗花》：第一步，老师用演示

法和微视频教孩子们折纸的方法，折三下，打开是个"米"字痕，对于其他的折法老师也不限制。第二步，染色，老师示范，用手捏着折好的纸，找到边和角，在事先准备好的较浓的蓝色的水里，浸泡，浸角时间稍长，浸边时间稍短，然后放在报纸中间沥水，最后展开，一幅漂亮的窗花完成。第三步，学生尝试与体验，学生动手前，老师再次强调染印步骤和要求，然后巡视、指导学生作业。第四步是相互欣赏与辨别，让学生发现对称图案的美，不同的折法会出现不同的图案，探索、交流、发现规律。

《水墨游戏》：教学方法大致与《折染窗花》相同，教学重点是水墨拓印、留白艺术的教学，难点是理解水墨山水留白手法营造的意境，拓印的技法稍有难度。老师通过让学生欣赏国画大师张大千的泼墨作品，引发学生的作画兴趣。在教师示范、学生体验的过程中，一步一步扎实推进，很好地完成了教学内容。

平南小学三年级《扎染手帕》是在学校玻璃美术房上的一节最朴实的常态课。第一步，扎。学生在老师的指导下，把自己的手帕折叠或拧在一起，用皮筋扎紧，或用不同的夹子夹紧放在各小组的清水桶里浸泡一下，拿出，放在各小组的托盘里。第二步，染。由各小组的组长，把扎好或夹好的湿手帕，先后拿到三个盛有植物燃料的热锅里再煮沸，老师和助教在一边指导。第三步，冲洗。学生在老师的指导下，把煮好的手帕拿到水管上冲几次，目的是让它的颜色变浅和冷却。第四步，沥干。学生用自己提前准备好的毛巾，把染好的手绢（不要取开）沥干。第五步，展开手帕，一幅漂亮的扎染手帕完成。第六步，展示交流。整节课老师和风细雨，和学生一起操作，没有教的痕迹，只有指导和鼓励，每个学生都很专注地投入其中。当看到自己漂亮的作品时，学生们脸上洋溢着满满的自信和成就感、喜悦感。我看到这时的老师更是幸福、开心和欣慰。

以上三节美术课，从课堂教学效果上，谁都会总结出培养了学生创造美、欣赏美、热爱民族文化的情感。但最让我感动的是老师们的敬业精神，她们为了顺利地上好这节课，能达到预想的效果，课前都做了大量的准备工作：托盘、小水桶、沥水的毛巾每小组一套，摆放到位；加热颜料的电锅两组一个，提前烧好；颜料的科学配方，老师课前不知尝试了几次才定下最佳方案；当然，还有精美的课件。学生来到教室就上课，课上虽然只有35分钟，但课前的准备不知要花掉几个35分钟。因为我们临时来听课，提前几分钟才告知美术老师，这里面没有作秀，更没有表演。听完课我感慨地对这位老师说："课上得这么好，与你课前的准备充分是分不开的呀。"她说，孩子们这么喜欢美术，所以她都是把课上需要的各种材料提前准备好，争取课上不浪费学生的每一秒钟。几天的观察下来其他课也都如此，老师们的这种务实、敬业、精业和自律意识值得我们学习和思考。

2018.11.5

有感于平南小学的音乐教学改革

当看到"平南小学音乐学科四大模块走班教师安排表"时，我们带着好奇连续听了3节音乐课，课上师生互动良好，学生积极性高，每节课学生都有意犹未尽的感觉。课下，通过与老师详细座谈，我们了解到，平南小学的音乐课教学结合奥尔夫音乐教学法进行了大胆改革，并且定期聘请专家团队指导，收到了意想不到的教学效果。具体做法如下。

结合课标，拓展研究。学校音乐组就《上海市学生成长记录册（试验本）》在小学一年级（第一学期）《唱游课程学习情况记录表》上首先进行实验。她们结合学科标准、教材、校本课程，将听、唱、玩、创、音乐知识文化拓展、音乐乐园六个部分进行了一系列的研究归纳，在一年级六个班级进行实验研究。她们打破传统音乐教学模式，结合创新思维，将音乐课程有机地分为声乐课、器乐课、律动课、欣赏课四个板块。

四个板块分别由专任教师独立授课，但课程内容之间是相辅相成的。通过分项目授课，教师最大限度地发挥自身优势，引发学生的学习兴趣，开发学生的音乐感，这样专业而系统的训练能为后续音乐的学习打下坚实的基础，使学生的音乐知识更全面、更灵动，更能最大化地开发学生的音乐潜能。每个项目授课教师为各个板块的负责人，通过项目授课，熟悉了解每个孩子的特长与发展远景。同时，教师一课多上，越上越专业，游刃有余。

唱——每个孩子都能做到识谱演唱，教师鼓励他们勇于演唱，专业演唱，每首歌曲学生做到背谱演唱。

听——培养学生乐感、美感的同时，使学生积累了大量的欣赏曲目，学生听到作品，能快速、准确地说出作品名称、作曲家、创作背景等信息。

奏——口琴作为学校的品牌课程，在不同的年级中都体现出了品牌的力量，每个学生都会口琴独奏。另外，还尝试了大量的其他乐器。

舞——在"舞向未来"的理念引领下,男女学生由男女老师分别授课,培养绅士和淑女。

他们的每一节课都不是炒现成饭,都需要大量的课余时间进行思考、研究与对接,保证了每一堂音乐课高效、高质量。

音乐是灵魂的食粮,而不仅仅是技巧。传统的教学模式可能对孩子的音乐技能有很大帮助,但对于孩子未来音乐的发展帮助却很少。四大板块教学法,使学生能在旋律中感受节奏、在节奏和旋律中演唱歌曲、在舞蹈中感受音乐的美。老师们说,通过这样的改革,学生对音乐的理解和表现力明显增强。

2018. 11. 6

小学探究课程主题教研活动有感

　　我们有幸参加了闵行区小学探究课题的教研活动。浦汇小学的朱姝老师上了一节生动的"STEM＋课程"《制作虫虫盒子——布置蟋蟀的家》。这节课的重点是学习并掌握研究性课程中的"观察""思维导图"等关键技能。难点是合理布置蟋蟀的家。

　　老师设计了五个活动：拼蟋蟀图、通

过视频初步认识蟋蟀、全面了解蟋蟀、布置蟋蟀的家、交流评价。

这是一节研究型课程，整堂课突出学生的探究活动，是以学生为主体解决真实问题的过程。我们看到，学生在自主学习的过程中逐步形成规则意识，在老师的引导下逐步提升解决问题的能力，教师的主要作用是组织、协助和支持学生的探究活动，通过观看视频、观察蟋蟀活体让学生逐步了解蟋蟀的身体特征、生活习性、生存环境、移动方式和食性。用大树结构的图形绘制"思维导图"。最后团队合作布置蟋蟀的家，每小组上台交流展示，教师和学生相互评价。

看似简单的每个活动背后，都渗透着规则意识的培养，活动关注内容和环节设计的同时，更强调关注学生可能出现的困难和项目预设目标的达成。老师用流程图片的形式在"智慧树"上演示活动的几个关键点：身体特征、生活习性、生存环境、移动方式、食性。用知识连接的方式引出"思维导图"，同时配以活动过程设计图加以说明。

在整个活动设计要素中，每一小组"学习单"的应用保障了学生自主探究的效果，学生的自主探究活动在"学习单"的引导下逐步完成。

教研员老师最后总结说：在研究型课程的活动设计中，不能以"教"的思路去设计活动过程，研究型课程的活动设计除了其他"教案"所必备的学习目标、重难点分析、活动准备等要素外，在活动过程设计及学习单的设计上有其特殊要求。通过这节"STEM＋课程"，使我逐步了解了研究型课程不同于基础型学科的学习，它主要是在活动过程中以学生为中心进行探索的过程，其中生成性的问题相对于其他学科要多得多，所以，老师备课时要预设出多种方案。

2018.11.7

关于课程建设的几点思考

——上海闵行区平南小学挂职学习心得

课程是育人方案，是实现教育目标的最重要的载体，课程建设是学校发展的核心竞争力，有什么样的课程，就有什么样的学生。我们都想打造一所特色学校，说到底，特色学校主要是学生培养过程的特色，打造学校特色的关键是更好地培养全面发展的学生。正是由于抓住课程载体，在课程探索方面大胆尝试，对课程实施常年坚守，使得上海闵行区平南小学从

"丑小鸭"变成"金凤凰"，由原来的城中村学校，变成了远近闻名的优质学校，连续 7 年获得闵行区 A 级一等单位，学生素养有效提升，学校焕发出无限活力和朝气。

用校长张小娟的话说，"秘诀"就在于学校坚持一个办学理念——零缺陷服务，通过学校特色的系统课程，关注每名学生，让每一个孩子都学得有乐趣，学得有进步，使每个学生天天都有新的进步。上海之行，让我受益良多，特别是平南小学课程建设方面的成功做法给我带来了新的思考。

一、课程设计的顶层化、科学化

改革是变化，但变化中学校应坚守教育的"本分"。何为"本分"？"本分"就是坚持立德树人导向。通过强化学生的素养，把立德树人宏观顶层的要求一步一步落到实处。学校课程改革是一项十分复杂的工作，它受多方面因素的影响，从主体角度看，它涉及课程的决策者、设计者、实施者以及其他利益相关者；从实践角度看，课程改革是一个非线性的动态过程，师资是决定因素；从结果角度看，课程改革确定性和不确定性并存，没有科学化的课程，便不会有科学的教育和理想的教育成果。

一所学校的课程体系，不是各个学科名称简单地堆砌，而是根据学校的办学目标高度结构化的体系，它指向学校的育人目标。在课程设计和研发上，平南小学的设计者们高瞻远瞩，用历史的眼光、文化的视角来审视课程，对课程进行顶层设计，有继承、有创新、有研发、有提升，或借力，或借势，课程改革搞得风生水起。张小娟校长作为课程的设计者和策划者，表现出优秀的课程领导力，无论是从宏观上还是微观上，都能统领课程，带领着她的团队通过课程的有效实施将立德树人的目标落到实处。

二、课程内容的多元化、立体化

教育就是让孩子按照自己生命的力量茁壮成长，而我们所做的就是给孩子们营造良好的成长环境。张校长说："教育的过程，其实是一个生长的过程，而非加工的过程。为了满足不同学生生长的不同需求，课程内容要丰富多彩。"在闵行区平南小学，全校1000多名学生，打破所有行政班和年级界限，每周一下午去上自己喜欢的课程，教室里、操场上、走廊里、音乐室、舞蹈室、玻璃房，几乎学校所有的角落都有同学们活动的身影。学校提供的"灵课程"涉及运动技能、生活态度、艺术品位、阅读经历、科技素养等五大板块，总共54门课程。学年初，学校根据学生的生命需要及兴趣爱好，设计了这些课程，同学们在网上自由选课，参与体验。仅体育类课程就种类繁多，一年级普及橄榄球、围棋、足球，二至四年级普及网球，三年级学游泳，四至五年级学习篮球、网球。

不少课程从纲要到教材，从保障到评价，已经形成了体系。有的课程，虽然与学生的升学考试成绩没有多大的直接关系，但能让学生一生受益，削减了教育的功利性，彰显了教育者对学生终生负责的认真态度。这些多元的课程体系，满足了不同层次学生的需要，对学生提升人文素养、深化家国情怀、拓展国际视野、承担时代使命，意义重大。

三、课程选择的合理性和自主性

平南小学在课程设置上使我感动和启发最大的是，学校在注重个体差异的分层教育中，充分体现了学校"一个也不能少""一样也不能放"的办学思想和"扬优、扶中、补差"的教育情怀，学校的课程设置和教育教学惠及每一名学生，让每一名学生在不同发展水平上都能在共同的文化滋养中健康快乐地成长。比如，四、五年级的作文课是分层走班，由最优秀的老师为写作文感到困难的学生授课。再如，网球课是学校的校本课程，据唐怡副校长介绍，学校面对运动天赋不一样的孩子，采用了三色网球教学法——基础弱的同学用红色大球，基础较好的用橙色中球，已有一定水平的用绿色标准球。这种教学法让同学们感到打球不是难事，人人都愿意拿起球拍。

为学生量身定做课程，合理合适合情，合乎每名学生的身心发展特征和特殊性，因材施教，量体裁衣。鞋子合适不合适，舒服不舒服，学生自己最有发言权。这样的课程，学生乐学，老师爱教，效果不言自喻。

四、课程实施的多样性和持续性

为了把课程实施落到实处，在实施过程中，注重了多样性和持续性。例如，社团活动、社会实践活动、学科拓展训练、探究学习、项目学习、仪式学习等。多种组织形式并存，课程的实施严格按课程表执行，实行三固定：学习的时间、地点和老师固定，确保学生德智体美劳全面发展。

课程如果只是教师的独立行为，在实施的持续性上肯定会大打折扣。但是如果将课程与团队教研相结合，就会促进课程的稳定推进。我们参加了闵行区小学探究学习的教研活动，浦汇小学的朱姝老师上了一节生动的"STEM＋课程"《制作虫虫盒子——布置蟋蟀的家》。通过教研员老师的总结，使我逐步了解了研究型课程不同于基础型学科的学习，它主要是在活动过程中以学生为中心的探索过程，其中生成性的问题相对于其他学科要多得多，所以，老师们在集体备课时要预设出多种方案。正是在集体智慧的助力下，课程实施持续有效进行。

课程是一所学校的灵魂，课程是促进学生素养提升的核心力量。今后，我们宁阳县洸河学校在课程研发与设计上，将学习借鉴闵行区平南小学的成功经验，深挖课程资源，建构科学体系，做实课程实践，确保课程效果，打造品牌形象。

2018.11.16